所谓**情商高**
就是**教养好**

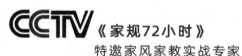《家规72小时》
特邀家风家教实战专家　陈敬忠 / 著

朝華出版社
BLOSSOM PRESS

图书在版编目（CIP）数据

所谓情商高，就是教养好／陈敬忠著 . -- 北京：
朝华出版社，2019.10

ISBN 978-7-5054-4494-2

Ⅰ . ①所…　Ⅱ . ①陈…　Ⅲ . ①情商－儿童教育－家庭
教育　Ⅳ . ① G78

中国版本图书馆 CIP 数据核字（2019）第 103452 号

所谓情商高，就是教养好

著　　者　陈敬忠

选题策划　青蓝家教馆 王红静
责任编辑　吕　哲
特约编辑　扈晓霞　周博珺
责任印制　张文东　陆竞赢
封面设计　天下装帧设计

出版发行　朝华出版社
社　　址　北京市西城区百万庄大街 24 号　　邮政编码　100037
订购电话　（010）68996050
传　　真　（010）88415258（发行部）
联系版权　j-yn@163.com
网　　址　http://zhcb.cipg.org.cn
印　　刷　北京彩眸彩色印刷有限公司
经　　销　全国新华书店
开　　本　710 mm×1000 mm　1/16　　　　字　　数　140 千字
印　　张　11.5
版　　次　2019 年 10 月第 1 版　2019 年 10 月第 1 次印刷
装　　别　平
书　　号　ISBN 978-7-5054-4494-2
定　　价　35.80 元

▲陈敬忠在国家会议中心大讲堂发表题为《家风生态系统与家教落地》和《家风家训与美好生活构建》的演讲

▼中国关心下一代委员会主任顾秀莲等领导出席首届家庭教育发展论坛

▲陈敬忠在首届家庭教育发展论坛上发表题为《家规成就好家风》的演讲

◀ 张梅玲教授关注家风家教并常对学生进行学术指导

▼ 陈敬忠在北大附属实验学校幼儿园家校协同项目中，为家长学校授牌并发表题为《持证上岗做优秀家长》主题演讲

▲ 陈敬忠在国家教育行政学院，为全国教育干部及校长录制"家风生态系统"课程

▲ 在 2019 年京交会故宫论坛上，陈敬忠作为特邀嘉宾参与圆桌会议讨论

陈敬忠为北京市妇联换届主席进行家风家教实战专项培训

▲ 陈敬忠作为上海国际幼教年会特邀嘉宾，与家长、园长交流家园共育及幼小衔接等问题

▲ CCTV《见证》栏目专访"家风生态系统"倡导者陈敬忠

▲ 家风家教项目，陈敬忠为北京地区妇联干部进行家风促党风实战培训

▲ CCTV《见证》栏目纪录片《家规72小时》，陈敬忠用家规让网瘾少年72小时戒除网瘾

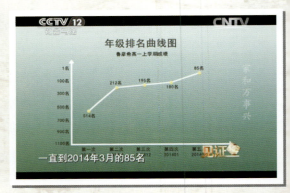

▲ 陈敬忠以家风家教让网瘾少年1学期成绩提升429名

▲ 人民网、新华社、央视等国家级媒体对陈敬忠团队的关注和报道

前言

什么是情商？

很多家长认为，情商高就是会说话，有韧性，人缘儿好。实则不然，情商是一种能感知他人情绪并能控制自己情绪的能力。简单地说，感知他人情绪就是要有同理心，控制自己的情绪就是要学会情绪管理。

我们先来分享一个关于高情商的小故事。

一位同事帮闺密去幼儿园接不满三岁的乐乐。由于学校门口车多人多，同事就跟乐乐说："阿姨抱你走吧。"没想到小家伙回了句："阿姨也很累，我自己可以走。"

暖心的一句话，让这位同事感动不已。不得不说，这孩子的教养真好，情商真高。

那教养又是什么呢？

懂规矩、有礼貌是一种教养，但更高级别的教养，是从内心散发出来的一种品质。简单来说，一个有教养的人懂得尊重别人，体恤别人，让别人跟自己相处时感到舒适。

央视推出的《开学第一课》特别节目中，有一期是董卿采访从事70多年翻译工作的许渊冲老先生。由于老先生年事已高，腿脚不方便，只能坐着。董卿为了能够更好地跟老先生交流，以跪地的身姿，对老先生附耳提问，专注聆听。这一举动不仅体现了董卿的高情商，也体现了她很高的教养。

一个有教养的人会让人肃然起敬，会瞬间引起别人的好感。在这一点上，情商和教养无疑是相通的，所以才会说情商高就是教养好。

下文我总结了几点，也是书中主要讲的几个方面，希望能给家长一些启发。

1. 注重品格教育

品格是孩子成长的基石。无论是培养孩子的高情商，还是让孩子有教养，都需要从生活的一点一滴中去积累。因为情商和教养，都能在微不足道的小事里体现出来。

地铁里，一位男乘客不顾别人的劝阻，剥起了大蒜，并把蒜皮丢在车厢内。这时，一个身穿校服的女孩儿蹲下身子，默默地把蒜皮都捡起来。看似一个小动作，却能反映出一个人的品格。

如何加强孩子的品格教育呢？

品格教育并不是一两天就能学会的，它在父母举手投足的言传身教里，在日积月累的习惯培养里，在有意无意的约束里，在一点一滴的生活中。

2. 培养同理心

你有没有发现，情商高的孩子往往人缘儿很好，同学欢迎，老师喜欢。为什么呢？

因为这些孩子具有同理心，也就是懂得换位思考。他们跟其他同学发生不愉快时，不是去指责别人，而是习惯站在对方的角度去思考，去体谅别人的感受。

教养好的孩子，宽容大度，总能为别人着想。比如，朋友难过了，他会想办法逗他开心，安慰他，所以人缘儿也很好。

如何培养孩子的同理心呢？最好的办法是，父母多跟孩子表述自己的感受，然后问一句：如果是你，你会怎样做？

著名演员宋丹丹曾讲过她与儿子巴图的故事。巴图小时候有一次伤害了好几只蜗牛，宋丹丹没有责骂他，只说了一句："若是它们的妈妈回来看不到自己的孩子，该多伤心呀！"就这么一句话，打动了巴图，当时他的眼圈就红了……

3. 增强责任心

情商高的孩子懂得遵守规则，当自己犯错时，能勇于面对，敢于承担错误，不会哭闹、耍赖；教养好的孩子，往往很有担当，答应别人的事情一定会做到，拥有很强的责任心。

我们知道，孩子生性顽皮，好奇心强，什么都想摸，什么都想试，但往往没有常性，做事虎头蛇尾。所以交给孩子的事情，哪怕是很小的事情，家长也要检查、督促，以便孩子养成认真负责的好习惯。

例如，当孩子要求养花草或宠物时，家长在答应孩子的要求前，可以让孩子承诺定时给花草浇水或给小动物喂食。孩子在照顾的过程中，难免会出现三天打鱼两天晒网的情况，这时家长应该进行监督，并告诉孩子不好好照顾的后果，以此来培养孩子的责任心。

4. 学会管理情绪

每个人都有情绪，高兴了就笑，伤心了就哭，但在释放自己的情绪时不可以影响他人。

一个情商高的孩子，不会在同学面前炫耀自己，因为这样很伤人；同样，一个有教养的孩子，也不会把自己的委屈发泄到别人身上，因为他们懂得"己所不欲，勿施于人"。

学会管理情绪之前，首先要学会辨识情绪。情绪分积极的和消极的，当孩子有消极情绪时，要允许他发脾气，允许他哭泣，允许他愤怒，让他充分表达自己的情绪。

只有正确引导，孩子遇到高兴的事时才不会得意忘形，遇到悲伤的事时才不会绝望无助，遇到愤怒的事时才不会冲动，只有这样，他们才能真正学会管理情绪。

序言

关于情商，古今中外的解读方式各不相同，观点各异。在这本书中，我将根据多年的家庭教育经验，从东西方文化融合的角度出发，再结合书中一百多个小故事，向家长介绍一些促进亲子关系、培养孩子情商的要点和实用方法。

"情商之父"戈尔曼认为，情商包含"自我意识、控制情绪、自我激励、认知他人情绪、处理人际关系"五个要素。在本书中我将结合这五个要素，从"个人情绪管控""家庭情感经营""家国情怀塑造"三个层面来探讨"情商"这一话题。

从心理学角度来说，先有自我意识的形成，再有自我情绪的控制，这是"个人情绪管控"的范畴。认知他人情绪、处理人际关系这两个要素属于"家庭情感经营"的范畴，因为家庭本身具有社会性，每个家庭成员都懂得管控个人情绪，夫妻情感才能甜蜜，家人才能和睦相处。自我激励属于"家国情怀塑造"的范畴，可以和马斯洛需求层次理论结合起来理解。马斯洛需求层次理论中最高的是自我价值的实现。而有几千年文明底蕴的中国，一直认同家国同构的价值观。中国古人讲不为良相即为良医，追求的就是个人对国家、对社会的贡献。

在以上三个层面中，最重要的是"家庭情感经营"。俗话说"信不足则多言"，良好的家庭关系，可以降低沟通成本。《颜氏家训》曰"同言而信，信其所亲，同命而行，行其所服"，只有亲子关系和谐亲密，家长对孩子言而有信，孩子才会相信家长的话，家长才能有效地引导和鼓励孩子树立远大志向，志存高远。

家庭情感经营得好，家庭关系就和睦。家人懂得孝悌忠信，家庭就具备淳厚的家风。只有家风好，孩子教养才能好，情商才会高。

一个高情商的人，一定是在淳朴家风的土壤之上成长起来的。只有家风淳朴，人们才有高贵的教养，才能"正心""诚意""修身""齐家"，成就一番事业。

简而言之，一个高情商的人，不单是会说话、能来事，给人带来快乐，更是一个能以公正纯良之心真诚服务大家，被大家接受和欢迎的人。

本书共分为七个章节，为了增加亲子阅读的趣味性，每个小节都有生活小故事，文末还有"敬忠言"专栏，从中华传统文化和心理学角度来解读名言警句，方便孩子扩展知识面，同时供家长和孩子一起讨论，培养孩子人生的大格局。

欢迎各位家长关注"陈敬忠－CCTV 家规 72 小时"微博与我们进行互动，我们会在"CCTV-72 家规学院"小程序及其他相关网络平台，对本书内容进行更加详细的解读。您还可以通过微信与我们进行沟通、交流。

由于本人能力有限，时间仓促，本书在编写过程中难免出现纰漏和错误，望大家能够不吝赐教。

陈敬忠于北京

目录

第六章

社交中的情商艺术

第七章

挫折是人生的试验场

第一章

教养的根源是品格

教养往往体现于细节之中，

一言一行、一举一动都能映照出品格修为。

心怀感恩的孩子，成长之路更美好

感恩就是要对生命中出现的任何人都心存感激。因为他人就像我们的一面镜子，我们如何对待他人，经过岁月的沉淀后，会反馈到自己身上。作为父母，我们总希望给孩子最好的教育，其实最好的教育便是教他拥有一颗感恩的心。

01

说起感恩，总会让人想起"妈妈，洗脚！"那则央视公益广告。

镜头从妈妈帮儿子洗脚的温馨一幕开始，然后转场至另一间屋子。一台轮椅，一位老人坐在轮椅上，低头深情地看着帮自己洗脚的女儿，慈祥地说："忙了一天了，歇一会儿吧。"而女儿微笑着抬起头，说了句："不累，妈，烫烫脚啊，对您的腿有好处。"这一幕，被站在门口的这位女儿的儿子看到了。

妈妈忙完来到儿子的房间时，发现没有人，妈妈很疑惑，忽然传来脚步声。只见儿子双手托着半盆水，摇摇晃晃地走来。他很努力地想要保持平衡，但还是洒出来许多水，溅起的水花打湿了他的衣服。

"妈妈，洗脚！"孩子稚嫩纯真的声音，清润悦耳。镜头最后，妈妈坐在床边，低头深情地看着儿子。儿子坐在小板凳上，弯着腰给妈妈洗脚。

这则公益广告不知感动了多少人。其实父母是孩子最好的榜样，我们懂得感恩自己的父母，孩子才会懂得感恩我们。

02

感恩是一种美德，是一种精神境界，更是一个人教养的体现。孩子要学会感恩，不仅感恩父母、感恩亲人，还要感恩他人、感恩社会。

前段时间，在一个手机短视频平台上，有一条视频获得了 600 多万网友点赞。

深夜，乡间的小路上，周围一片漆黑，没有一丝亮光。一个刚放学的小男孩儿骑着自行车，而在他不远处，一位好心的司机开着车缓缓地跟在小男孩儿身后，用车灯为他照亮回家的路。

不一会儿到了有街灯的路口，小男孩儿突然停下来，把自行车放在一旁，向帮助他的好心司机深深地鞠了一躬。在小男孩儿鞠躬时，他胸前的红领巾在车灯的映衬下显得格外耀眼。

小男孩儿怀有一颗感恩的心，深鞠躬的举动不仅感动了司机，也感动了数百万观看视频的网友。一个懂得感恩、懂得回报，传递正能量的孩子，他的行为处处都能体现出良好的家教。

一个人有没有素养，体现在他的一言一行中。若想提高孩子的素养，要从帮助他人、怀有感恩之心开始。当你怀着一颗感恩的心去面对生活时，你的每一天才是快乐的。

03

老话说："娘想儿长江水，儿想娘扁担长。"父母对子女的爱就像长江一样绵长，而子女对父母的爱和孝仅像扁担一样短。

的确，不论何时孩子都需要被关爱，他们想要什么，父母都会千方百计地满足。很多父母在不知不觉中培养出了一个"小白眼儿狼"。

有的父母怕亏欠孩子，担心自己的孩子被别人比下去，从而产生自卑心理，便对孩子娇惯、宠溺，自己再苦再累，也舍不得让孩子吃苦受罪。

有的孩子要求买高端手机，说自己的手机太低端，在同学面前拿不出手。父母一说家里经济紧张，孩子就闹脾气。

最后父母不得不省吃俭用，从亲戚那里借钱给孩子买了高端手机。孩子拿到手机后就开心地玩儿起来，完全不顾及父母脸上的愁容，更没有感恩之心，觉得这一切都是应该的。

对于孩子提出的要求，很多父母都会无条件地满足。在他们看来，这样孩子就不会输在起跑线上，就能够给孩子一个美好的未来。殊不知，这样只会让孩子觉得从父母那里得到东西是理所应当的，渐渐地他们就会只知索取，不知回报，更不懂得关心和感恩别人。

作为父母，我们应该想一想，是不是帮孩子做得太多了。放学路上帮他背书包，饭桌上帮他盛饭，生活中有求必应，这些做法无疑是在助长孩子的"受之无愧"感。今天孩子认为你应该替他背书包，给他买手机，明天他就会认为你应该为他找工作、买房子、买车子。如果有一天你给不了他想要的，他可能就会心生怨恨。

如果你爱孩子，一定要教孩子学会感恩，从生活的点滴做起。当

4

你在做家务时，让孩子一起帮忙，让他体会劳动的辛苦，让他懂得任何东西都不是可以轻易得到的。因为懂得感恩的孩子会感激别人，珍惜他所拥有的一切。

父母是孩子的第一任老师，是孩子最好的榜样。榜样的力量是无穷的。

如果有人不懂得感恩父母，那其他所谓的"感恩"就显得苍白无力。感恩是父母最应该给孩子上的一课，只有我们懂得感恩自己的父母，孩子才懂得感恩长辈；只有我们在陪伴孩子学习成长的路上懂得感激学校和尊敬老师，孩子才懂得感恩并尊重师长；只有我们懂得在社会中遵守规则，感恩社会，以更加博大的胸怀去感恩打败你的人，孩子才能学会合作，人生之路才会越走越宽阔，越来越精彩。

敬忠言

孩子的言行，就是父母的修行

伴随孩子的出生，父母才成为父母。孩子是父母生命的延续，孩子成长的过程也让父母学会了如何做父母，让父母的生命得以完整。如果说人生是一场修行，那么孩子的言行就是父母修行的外在体现。

孩子是父母的一面镜子，孩子的一言一行都会在父母身上找到根源。

孩子在成长过程中，不断地受父母脾气秉性或者教育方式的影响，有正面的，也有负面的。随着孩子渐渐长大，你会发现孩子既会学父母做得好的一面，同时也会学父母做得不够好的一面。我们会发现孩子不当的言行不是偶然的，而是父母言行的反映。父母在指责孩子不当的行为举止时，是否也应该反观一下自己。因为父母的言行就是孩子学习的样本，孩子会在日常生活中受到父母潜移默化的影响。

01

小莉的儿子优优今年八岁了，他动不动就发脾气，还总是对着小莉咆哮："走开，我讨厌你。走开，我已经说过一遍了。"每当孩子这样，小莉总是既心痛又无奈，不知道怎么办才好。

孩子在这个年纪表现出不尊重妈妈的行为，背后肯定是有原因的。一天小莉一家三口正在吃午饭。小莉给优优夹上他最爱吃的菜，又给优优爸爸递上饭。优优爸爸很自然地接过碗筷，连一句"谢谢"或者点头的表示都没有。平时一家人吃饭都是小莉一人忙前忙后，照顾好优优爸爸和优优后，自己才坐下来吃饭。

原本想着一家三口用餐，肯定会很愉快、很温馨，没想到爸爸却说"今天的饭并不好吃，土豆丝太酸了""这个菜油放得太多了"，毫无顾忌地说了一通，然后伸手示意小莉再来一碗饭。小莉接过碗正要盛饭，这时优优在一旁玩耍起来，大声叫着："妈妈快点儿给我拿鞋，我的脚很冷。"小莉把饭碗递给优优爸爸，小跑着给优优拿鞋去了。

"我要的不是这双鞋，是那双蓝色的。"小莉又跑着取来了蓝色的鞋，递给优优。面对优优的反复要求，小莉只是顺着他。

看到这里大家都明白了。家长说话、走路、做事的方法，孩子都会模仿，所以孩子很容易养成和父母一样的行为习惯。家人相处时，爸爸很强势，从日常的言行中表现出了对妈妈的不尊重，孩子也会习得爸爸的言行方式。由此可见，优优不尊重妈妈，是在模仿爸爸，而爸爸对于优优的做法也并未批评。小莉不懂如何引导、教育孩子，在家里既没有得到丈夫的尊重，也没有得到孩子的尊重。

02

每个孩子对自己的行为和遇到的事情都有自己的理解和看法，随着年龄的增长，他们越来越不喜欢听从家长的安排。这个时候，家长如果对孩子采取强压措施，那就大错特错了。

前些天去公园散步时，我看到了一件让人心寒的事。

当时一个小男孩儿蹲在沙土地上，拿着铲子和玩具车在玩儿车拉土的游戏。不得不说，沙土对孩子的诱惑力是极强的，不一会儿工夫，三四个小孩儿就围了上来。

正当他们沉浸在快乐中时，从远处传来一声尖锐的叫声："快放下，那个不能动，赶紧站起来！"

听到叫喊声，其中一个六七岁的小男孩儿抬头看了一眼，原来是妈妈来找他了。可是，他还想跟小朋友们多玩儿一会儿。

"我喊你，没听见吗？这土多脏啊，不能玩儿这个！"妈妈说完，拉起小男孩儿，冲他踢了一脚。

小男孩儿赶紧站稳，抬头看看妈妈，又看了看睁大眼睛盯着他的小朋友们。

他迟疑了一下，哇的一声哭了起来，并顺手抓了一把沙土朝妈妈身上扔去。

妈妈立马急了："我的话你都不听了，你再这样，妈妈不要你了，你爱干啥干啥吧！"说完，这位妈妈扭头就走。

小男孩儿吓得赶紧追上去，抱紧妈妈的大腿。妈妈往外推了小男孩儿好几下，直到他说"下次不玩儿了"，妈妈才把他抱了起来。

这种场面十分常见。妈妈无疑是想让孩子干什么事都听她的话，想在孩子面前树立自己的权威。可是，她忘了孩子也是要面子的，有时候看似不经意的一句话、一个动作都会伤害孩子的自尊心。如果父母从小以强势的态度对待孩子，孩子就会为了获得父母的爱和维护自己的面子，不愿意出门和别人一起玩儿，从而减少犯错的机会，久而久之就会在别人面前变得拘谨、内向。如果这个孩子自主意识比较强，而你不懂得尊重他，他就会以"叛逆"的方式来对待你。

试想一下，当你抱怨孩子不尊重你时，你又何曾真正尊重过他呢？

03

身教胜于言传。父母是孩子的第一任老师，父母的学识和修养都在潜移默化地影响着孩子。有些父母一味地偏袒、满足孩子，导致孩子不知何为尊重。

华华从小就比较受宠爱。他上小学时家里来了一位保姆，是个老实的中年妇女。保姆家里生活非常困难，三个儿子中有两个患有先天性疾病，因此她不得不背井离乡，外出打工，身上就带着一张家里的照片，想家的时候就看看。

爸爸妈妈对保姆很好，让她同吃同住，然而华华却不懂事，经常调皮捣蛋，保姆也只能忍气吞声。

有一次，华华吃零食时弄得满地都是碎渣。妈妈看了很不高兴，便教育华华，说阿姨刚扫过地，他这样是不尊重阿姨的劳动成果。没想到华华却说："你给她钱不就是让她扫地吗？我为什么要尊重一个扫地的？"当时保姆就在旁边。妈妈又惊又怒又尴尬，让华华道歉，华华却死活不肯。

后来，华华的不懂事越发严重，他趁保姆不在时撕了她的照片。保姆回来，捧着撕碎的照片哭了。年幼的华华看到这一幕，虽然有些悔意，但他一点儿也不想认错，还做出一副得意扬扬的神情跑出去玩儿了。

妈妈回来之后知道了这件事，她气得想揍华华，但是被保姆拦住了。

妈妈冷静下来，华华却惴惴不安。不过妈妈最后并没有惩罚华华，而是把他叫到身边，让他亲眼看着自己手洗保姆的床单，并把撕成碎片的照片一点儿一点儿拼起来，拼了大半夜。孩子最后边看边哭，哭着向妈妈认错，妈妈并没有停下，一夜未眠。

做完这些事情之后，妈妈给华华讲了很多保姆的事，并问了华华两个问题："妈妈替你承担后果，你难过吗？每个人都值得被尊重，你觉得呢？"

教孩子懂礼貌，是每个父母都努力在做的，但是在保姆、服务员、清洁工这些人面前，你又是怎样教导孩子的？

父母是孩子的榜样，父母的价值观很大程度上影响着孩子的价值观，同时孩子也被身边的其他亲朋所影响着，这些人的态度都会影响孩子。父母发现孩子受到不良影响时，应该立即采取行动，杜绝不良行为。

父母要告诉孩子，每个人都会因为有所付出而值得被尊重。帮孩子树立正确的人生观和价值观，这样孩子将来才能正确面对荣誉和挫折，才能宠辱不惊、从容镇定地面对生活，实现自己的人生价值。

敬忠言

家庭是人生的第一所学校，家长是孩子的第一任老师，要给孩子讲好"人生第一课"，帮助扣好人生第一粒扣子。

孩子是一张白纸，父母是画家，孩子的言谈举止，很大程度上取决于父母这个创作者。父母的言谈举止，孩子都看在眼里、记在心头，一定会在生活中表现出来。例如，你把路边倒地的共享单车扶起来，他下次看到也会这样做；你在家里说脏话，他在学校也会说。

所以说父母修行，内化于心，在于内修，外化于行，在于规则。父母修为好，孩子行为好；父母修养好，孩子教养好；父母修行好，孩子言行好。

你的真诚，值得温柔以待

有很多人虽然长大了，却不想摆脱小孩子的身份，他们想守护内心所剩不多的"孩子气"。因为孩子身上有着吸引人的高贵品质——真诚，这是人一生中最珍贵的品质，可以让你获得更多的快乐。当你真诚地对待他人，他人才会真诚地对待你，这样你的世界才会被真诚包围。

01

战国时期，魏国有一位仁人志士，名叫信陵君。他待人真诚，方圆数千里的人都来投靠他，门客达 3000 多人，当时有很多诸侯国就是因为忌惮信陵君的门客而不敢轻易进攻魏国。

信陵君听说侯嬴是一个德才兼备之人，为了能和他结交便大摆宴席，并亲自驾着马车去迎接他。侯嬴上车后一点儿也不谦恭地坐在座位上，他是想通过这个举动来试探信陵君的态度，而信陵君却丝毫不在意，对他反而更加恭敬。

待车子经过闹市时，侯嬴去见自己的老朋友朱亥，并故意将谈话的时间拖得很长，想要看看信陵君的反应，没想到信陵君始终和颜悦色，非常耐心地等着他。

宴请的将相和宾客都已经到了，他们坐好，等待着信陵君的到来。当时闹市上的人都看到了信陵君在等侯嬴，有人在暗地里骂侯嬴不识抬举。但是侯嬴不以为然，告别了朱亥后才上车。

到了信陵君府上，信陵君请侯嬴坐上座，并且把他介绍给前来赴宴的门客，当时门客都很惊讶。酒过三巡，信陵君站起来敬侯嬴酒，侯嬴对信陵君说："今天之所以这么做是想给公子留下一个好名声，让别人认为您是一个真诚待人的人，是一个礼贤下士的明主。"侯嬴接着说："我拜访的朱亥也是一位贤能之人，他现在隐居于闹市，世上的人都不知道他。"

信陵君这才恍然大悟，侯嬴的做法不仅是在试探他是否有一颗真诚的心，同时还为他做宣传，让他的好名声得以传播，而且还帮他介绍了另一位贤士朱亥。

从信陵君的身上，我们学到了真诚不仅是一种品质，更是一种难能可贵的精神。当我们对待周围的人和事时，要时刻提醒自己保持一颗真诚的心。如果能够真诚待人，不仅会赢得友谊，还会成就我们自己。

02

真诚是一个人高贵的品质，不管对人还是对事，难得的是那份"真"。"真"是表里如一、发自内心的真实，没有虚伪和欺骗。有些人表面上很恭敬、很客气，处处说别人好话，而内心却想要讨好别人，为自己谋利，这不能算是"真诚"。

父母教导孩子的时候，不仅要引导孩子真诚对待家人、朋友，更要真诚地对待遇到的每一个人。因为在日常相处的过程中，你真诚对待他人，他人也会真诚对待你。当然可能也有人对你不够真诚，但将心比心，你没有错，错在他人，他们也会因为你的真诚而感到愧疚。

鹿鸣和景炎是好朋友，暑假期间，他们相约一起去果园采摘。鹿鸣负责东面的玉米园，景炎负责西面的火龙果园，摘完后互换。

不知不觉一小时过去了，鹿鸣收获颇丰，跑来与景炎会合。他手中有六根玉米，而景炎手里只有两个火龙果，个头儿还很小。

鹿鸣对景炎说："我把三根玉米给你，你把一个火龙果给我就好了。"说完，鹿鸣把手里的几根玉米给了景炎，景炎看着手中的两个火龙果，挑了个小的给鹿鸣。

晚上景炎躺在床上翻来覆去睡不着，他今天摘了三个火龙果，其中最大的被他藏起来了。

第二天景炎到鹿鸣家里玩耍，鹿鸣的妈妈见了景炎还夸他说："景炎，你昨天摘的火龙果真甜。"景炎羞涩地笑笑。鹿鸣的妈妈又说道："景炎，你吃玉米吧，鹿鸣昨天摘了三根玉米，我们吃了两个小的，还有一个大的，你拿去吃吧。"景炎这才注意到，鹿鸣妈妈说的这个最大的玉米，也比昨天鹿鸣给他的小。景炎羞愧极了：鹿鸣把好的、大的给了自己，自己却还在想他是不是把大的偷偷儿藏了起来，简直是"以小人之心度君子之腹"。

有时候我们对他人是否真诚或许他人并不知道，但是我们自己很清楚，我们可以骗别人，但是骗不了自己。对别人真诚，最大的受益者是我们自己，因为我们做的是正确的事情。我们内心是坦荡的，与朋友真诚相待，没有怀疑、纠结、算计，我们自己也会发自内心地感到快乐。用真心交往的朋友，友谊才会长久。

03

当我们以一颗真诚的心对待世界时，难免会有一些不真诚的人"诈取"着我们的真诚。他们或假扮聋哑人，或假扮乞讨者，一次又一次地"消费"着我们的真诚和善良。

孩子是最真诚的人，每当路边遇到乞讨的人，都会找一些零钱给他们。这时父母很纠结：如果上前阻止，担心会伤害孩子的爱心；如果支持，会使那些人更加肆无忌惮地利用孩子的善良和真诚。

地铁口、地下通道里、商店旁、书城门口等人流量较大的地方，经常会有人在乞讨。你若仔细观察，会发现同一个路口有一个人每天都在那里乞讨，如果每次路过都给他钱，是否会助长他不劳而获的心理呢？

孩子的真诚需要引导和保护，但也要让孩子了解更多的真相，具备明辨是非的能力。家长可以与孩子约定，第一次遇到的老人可以给予帮助，如果遇到同一个人乞讨，奉献一次爱心即可。如果是健全的年轻人，他们需要食品，那帮他们买一个面包，如果他们不需要，只是要钱，那就很有可能是陷阱。

孩子的真诚是无价的，所谓"害人之心不可有，防人之心不可无"，父母需要教会孩子保护自己不受伤害。

俗 话说："路遥知马力，日久见人心。"

敬忠言

一个人对人是否真诚，在言谈举止中都会表现出来。在日常生活中，领导或老师交代的事情，我们要及时沟通，若最后他们不是很满意，与其推卸责任，不如真诚地道歉，等对方心情愉快的时候再进行一次坦诚的沟通，并真诚希望可以得到对方更多的指导。这种真诚的心态和担当的姿态比一味地推卸责任更可取。

在家庭生活中，真诚道歉往往会取得意想不到的效果。不管是夫妻之间，还是亲子之间，因为没有控制好情绪而伤害到家人情感时，最好的方式是精心准备一个小礼物，附加一封真诚的道歉信。写道歉信的时候可以多说对方的好处，挑挑自己的毛病。如果说人生最大的底牌是人品，那真诚就是底牌中的王牌。

宽容他人，就是宽待我们自己

俗话说，将军额头能跑马，宰相肚里能撑船。这句话说的就是宽容。人与人相处时，容得下别人的缺点，宽容他人的过错，就会赢得友谊，赢得别人的尊重。马南邨在《燕山夜话》中提到，君子忍人所不能忍，容人所不能容，处人所不能处，这样方能成大事。如果一个人心胸狭窄，小肚鸡肠，不能容人、容才、容事，人际交往就不顺畅，最终会阻碍自己的成长。我们都希望自己的孩子志存高远，将来能够出人头地，那就应该培养孩子宽以待人、心胸开阔的品质。

01

电视剧《延禧攻略》中的名医叶天士，他精湛的医术想必给大家留下了深刻的印象。历史上他曾与一位名医薛雪比拼医术，他们之间还发生了一些有趣的小故事。

当时苏州瘟疫盛行，当地知府设立了一个医局，邀请当地有名的医者每天到医局轮流值守，为病人医治。

有一天，一个更夫全身浮肿，拖着病体来到医局就诊。当时正是薛雪值班，给更夫把完脉后，他觉得水肿太严重，没办法治，就让更夫走了。更夫觉得自己没救了，内心十分痛苦，没想到刚出门便遇到了叶天士。叶天士看他全身浮肿，便说："你这病是因为你打更时用的蚊香有毒，你吸入了太多毒气，我给你开两服药，吃了就好。"更夫心情好转，吃了叶天士的药，果然好了。

这事被薛雪知道了，他非常不忿，又没地方撒气，于是回家把自己的住处命名为"扫叶庄"（意思就是扫平叶天士）。叶天士听说后，当然很不高兴，就针锋相对地把自己的书斋改名为"踏雪斋"（意思是踏平薛雪）。文人相轻，彼此嘲讽，互不往来。

多年后，叶天士的母亲患了重病。薛雪听闻后，打听到叶母的病情，故意对别人说："她这病得用白虎汤才能治好，但一定要对症下药。"明摆着是说给叶天士听的。叶天士听说后虚心采纳了这个建议，并让母亲服用了这味药，果真药到病除。

叶天士思来想去，觉得要登门致谢，于是来到薛府。薛雪说："治病救人是医者之心，何必要前来感谢呢？"两人相视一笑，化解了多年的矛盾，还成了好朋友。

无独有偶，清末晋商在钩心斗角中，也有过类似的故事。清末山西著名的票号日升昌总经理雷履泰和副总经理毛鸿翙之间，由经营上的分歧发展到人身攻击，双方竟然都给自己的孙子起了一个和对方一样的名字：雷履泰的孙子叫雷鸿翙，而毛鸿翙的孙子叫毛履泰。可见二人彼此嘲辱的手段远比叶、薛二人庸俗多了。与雷、毛二人不同的是，叶、薛二人最终言归于好。

这些故事告诉我们，要不计前嫌，宽容别人所犯的错误，正确处理同行间的竞争。孩子从小懂得宽容，不仅能拥有更多的朋友，还能学会与人相处，拓展自己的人生格局。

02

宽容不仅需要理解，更需要善举。当你的孩子发现同学拿别人的东西，你会让他帮助同学改正错误，还是找老师揭发呢？

体育课上，所有同学都在操场上活动，唯独子夕坐在教室。她拿出平时用的练习本，并偷偷儿地打开同桌的文具盒儿，小心翼翼地拿出彩铅画起来。她看向窗外，见同桌与其他同学正玩儿得不亦乐乎，她放松下来，长舒一口气。

第二天下午，绘画课上，子夕拿出自己的文具盒儿，将红色彩铅用力折断，快速把印有商标的那头儿握在手中。她害怕被看到，引起周围同学的嘲笑。

她拿起笔画图时，感觉彩铅的颜色很正，心里想着：不可能！自己的彩铅虽然看上去像正品，可是画出来的颜色很淡，每次都不是自己想要的效果。子夕看了看文具盒儿，是自己的，没错，又看了看彩铅盒儿，也是自己买的那款，没错。

她疑惑地环顾四周时，班长朝她笑着眨了眨眼。子夕似乎明白了什么，眼圈不自觉地红了……

自从那节绘画课后，子夕与班长关系越来越好，每当遇到不开心的事，她都会找班长倾诉。那次，子夕小声地对班长说："谢谢你，你不知道，每次绘画课，我都会因为用盗版彩铅而被其他同学取笑。在班级里，我感觉不到集体的温暖，"子夕低着头，继续说，"如果是别人看到了，一定到处说我是小偷儿，我就更没脸见人了，回家还得挨打呢。"

班长笑笑说："其实当我第一次看到你偷偷儿打开别人的文具盒儿

时，我并不知道该怎么做，所以我回家问了问妈妈。"

那天晚上，班长回家把看到的情形一五一十地告诉了妈妈。妈妈反而问她："你是班长，你一定最了解班上同学的情况。这位同学平时有没有占小便宜的习惯呢？"

妈妈还说："从你说的情况来看，如果你的笔够好，你还会偷偷儿用别人的吗？"妈妈接着说，"如果你有多余的笔，是不是可以分一些给需要的同学呢？"

就这样，班长把自己多余的那套彩铅放在了子夕的文具盒儿中。

有时候，一句简单的话，一个小小的举动，可能改变一个人的一生。作为父母，我们应该让孩子从小养成多带一套文具的好习惯，因为一个小小的"善举"，具有无限的包容力。

敬忠言

有一副著名的对联，上联是"大肚能容，容天下难容之事"，下联是"笑口常开，笑世间可笑之人"，这说明宽容待人、严于律己是一种美德，一种胸怀。

有句话"无度不丈夫"被误传为"无毒不丈夫"，其真正的含义是男人应该志向远大，心胸宽广。在当下快节奏的社会生活中，我们难免受委屈，当受到委屈和责难时，往往连解释的时间和机会都没有。这时我们既要"合理的当训练，不合理的当磨炼"，争取时间和机会解释，更要"有则改之，无则加勉"。

如今上有老下有小的青年父母压力很大，他们没有更多时间来教育犯错的孩子。其实很多时候，我们应停下脚步，等一等蹒跚学步的孩子，多给予他们关心、关照和关爱，比如每天平心静气地和孩子沟通15分钟，每周陪孩子读3篇美文等。我们要严于律己，管控个人情绪，营造宽容、和谐、友爱的家庭氛围，这样孩子将来才会是个友善、宽容、可亲的人。

第二章
培养孩子的责任心

"身教"胜于"言传",

孩子总在学父母怎么做，而不是只听父母怎么说;

孩子正是那个踩着父母脚印行走的人。

自律，受益终身的品质

自律是一种可贵的道德品质，是指在没有他人监督的情况下，自己严格要求自己，约束自己的一言一行。相信每位家长都希望孩子学会自律，那么请反思一下，孩子犯错时我们是否插过手，孩子磨蹭时我们是否催促过他。若想少操心，让孩子变得优秀，就要教会孩子自己对自己负责。

01

提到自律，不得不说徐溥储豆的故事。

徐溥是明代大学士，自幼聪明，天资过人。少年时，他在一家私塾读书。一次塾师发现他从口袋里掏出个东西看，以为是他的玩物，等走近才发现，原来是他亲自抄写的一本儒家经典语录，于是对他大加赞赏。

在生活中，徐溥还效仿古人，时刻检点自己的言行。他的书桌上放着两个瓶子，一个瓶子放黑豆，一个瓶子放黄豆。黑豆代表他的行为有偏差，黄豆则代表他做了好事。

开始时，黑豆多，黄豆少，他便不断地反省并激励自己。渐渐地，黄豆和黑豆数目持平，他再接再厉，更加严格地要求自己。久而久之，瓶中黄豆越积越多，相比之下黑豆数目越来越少。

直到后来为官，他一直保持着这一习惯。凭着这种持久的自我约束和激励机制，他不断地修炼自我，完善自己的品德，成为德高望重的一代名臣。

徐溥对自己行为的约束彰显了他强烈的自律意识，即使是在独处时，他也能严于律己，谨慎对待自己的一言一行。

慎独是自律的最高境界，它能让一个人在独立工作、无人监督的情况下，仍然能够不被外物所左右，且丝毫不放松自我监督的力度，谨慎自觉地按照道德标准规范自己的言行，一如既往地保持道德自觉。

02

孩子的自律是什么？就是做应该做的事，克服懒惰，养成良好的习惯，并坚持下去。

"到练琴时间了，我现在必须回家了。"这句话是一个六七岁的小女孩儿说的，很多家长对此感到不可思议。

起初，这个小女孩儿在小区广场与小伙伴们用沙子堆城堡、玩儿滑梯，开心得不得了。过了大约半小时，小女孩儿突然站起来说不玩儿了，要回家练钢琴去了。

其他两个小朋友很不舍，想让她再玩儿一会儿，希望她晚一点儿回家。小女孩儿犹豫了一下，坚定地说："明天这个时间我们再一起来玩儿，今天到了练琴的时间，我必须回家了。"

孩子的自律并不是天生的。自律习惯的养成，除了孩子自身的因素外，还离不开父母的培养和引导。若想培养孩子的自律，制定家规必不可少，但家规不是为孩子一个人定的，而是一个相互尊重和促进的过程。

在制定家规时，要与孩子多沟通，给孩子更多的选择权，这样会大大提高孩子的参与度。

同事家的孩子从小就不喜欢坐安全座椅，每次扣安全带都要经历一番搏斗。直到有一天，同事对孩子说："爸爸任命你为咱们家的'安全天使'，坐车时，每个人的安全带都由你来检查，不合格的人你有权处罚，好不好？"

从此以后，孩子每次坐车都会第一时间扣好安全带，然后再一一检查别人。这个方法很奏效，同事家孩子当过"卫生天使""阅读天使""整理天使"等，现在，孩子生活方面的自理能力远远超过同龄人。

当我们在制定规则时，要尽量照顾到孩子的感受。规则要针对全家人，只有父母带头遵守，孩子才会有样儿学样儿，慢慢地你会发现，孩子的生活越来越有规律，自律性越来越高。

03

孩子从幼儿园升入小学的过渡时期称为幼小衔接阶段，很多家长会对孩子学习环境的转变，以及由此发生的学业上的各种变化束手无策，其实还是应该先培养孩子的学习习惯。

桂寒梦，我们叫她小桂子，刚上小学的时候，她妈妈特别怕她学习跟不上。小桂子每天回来做作业都很着急，总是说这个题不会，那个题不会，题目也看不懂。她做作业也非常拖拉，非要等到睡觉前才把作业拿来让妈妈检查、签字。对孩子的教育问题，妈妈感到非常困惑，不知道如何是好。

家庭教育指导师陈红燕告诉这位妈妈：孩子一开始看不懂题目，有些内容不懂都是很正常的，一定是她不懂了才问父母，父母的回答才有价值；千万不要看到孩子在写作业时"开小差"，父母就心急如焚，怕她作业做不完，就马上去监督她做作业，这样养成习惯了，她就会认为做作业时父母就该陪着，辅导作业是家长的职责。

红燕老师让这位妈妈选一个时间告诉孩子，从现在开始，家长只负责每天晚上7点之前在作业本上签字，强调时间过了就不签字，而且只负责签字，不负责检查作业。这种教育理念和方法她第一次听说，也不知道效果如何，决定回去试试。

那天，小桂子晚上7:10做完了作业，超过约定的时间10分钟，本来是不应该签字的，因为是第一天，妈妈提醒小桂子下不为例。不过看到有好多题做错了，妈妈原本想指出，但想起了红燕老师的话，于是就按照约定，只负责签字不负责检查，没有提醒小桂子有错题。

第二天，小桂子放学回来哭着说："平时作业都得95分以上的，这次只有70分，错了那么多，老师都问我家长检查没有。我说检查了。"老师一脸疑惑地说："检查了，字也签了，怎么还错那么多？"

后来，红燕老师问这位妈妈："你当时是怎么做的？"

这位妈妈说："我们明明说好的，我只负责签字，不负责检查，本来就已经错过了时间，不应该签字的，我还做出了让步。你没看我们定的家规吗？"小桂子一听就不多说了，因为家规是和父母提前约定好的，自己答应能做好的事情，不能要赖，所以小桂子只好一个人乖乖地坐在那里写作业。

红燕老师说："其实孩子都是很讲信用的，也很愿意守信，只要家长给机会。"

妈妈说："这些天基本都是她自己做作业，并且按时按点完成，我来签字。再没出现过做作业像打仗似的场景，她也不会因为做作业而情绪失控了，我和孩子的关系也好多了。"

红燕老师说："在日常生活中，我们家长不能总是替孩子做事情，磨灭孩子学习的动力，最后怪孩子不上进、不学习。"

经过一个月的调整，小桂子终于养成了自律的学习习惯，并且期末考试成绩在班上名列前茅，妈妈再也不用为她的学习操心了。

敬忠言

让一个天真烂漫的孩子做到自律，确实有一定的难度，不能奢求孩子像徐溥大学士一样，不过可以肯定，让私塾先生惊讶的自律行为，一定来源于家庭环境的影响。当今社会，"不写作业母慈子孝，一写作业鸡飞狗跳"是一种很普遍的现象，那么为何孩子做不到自律呢？

自律，需要有强大的内动力做支撑，也需要养成自律的习惯。了解了自律产生的根源，就有解决之道了。以小桂子之前写作业拖拉，到1个月能够自觉完成为例，这一定和家庭环境有紧密的联系。在相对平等和民主的情况下制定家规，好习惯就会内化为自律行为，这一方法适合当下的父母和孩子。

诚实守信，比成绩更重要

诚实守信是一个人的基本品质。家长若发现孩子身上有不诚信的行为，应该认识到这种行为的严重性，探寻根本原因，教育孩子改正。父母不能一味重视孩子的成绩，而忽视了品德教育。

01

最近，一则"坐车差一元，两名小女孩儿晚上被公交车司机赶下车"的新闻引起热议。事件中，两个十岁左右的女孩儿，坐公交车去舞蹈训练班上课，因差一元车票钱被公交车司机赶下车。

乍一看，我们会觉得司机未免太苛刻，不该如此对待孩子。但真实情形是：司机让孩子下车，不是因为钱不够，而是因为他认为两个孩子故意撒谎，恶意逃票。

从公交车监控中可以看到，两个女孩儿上车后，只有一个女孩儿投币，而且仅投了一元。司机问："你们投了多少钱啊？"投币的女孩儿回答说："投了两块钱。"最后在司机的提醒下，两个孩子才又投了一元，总共投了三元。

如此看来，不能武断地说女孩儿是恶意说谎，但事后女孩儿家长的态度却令人失望。

在采访中，女孩儿家长自始至终都没有正面回应孩子是不是故意撒谎，而是一直在要求司机道歉，其中一个女孩儿的家属甚至要求司机登报致歉，而司机当面道歉后，要求对方也应该为自己的不诚信道歉时，女孩儿的家属却扭头走了。

02

有时候我们在路上会遇到这样的人，他们说自己没有钱吃饭，或是没有路费回家，需要他人支援，并说会还钱。有些人认为这些人有可能是骗子，给他们钱也是白给，但我们要相信世界上诚实守信的人还是多。

一天晚上，王先生下班路过天桥，看见一个十来岁的姑娘坐在路边，地上放着一张纸，上面写着她来北京学习，因路费不够，回不了老家了，希望路人能够支援一百元，并留下联系方式，她回家后就予以归还。这种事情，我们不一定相信是真的。

王先生是个善良的人，觉得小姑娘孤身一人在外挺可怜的，眼看天这么晚了，天气也冷了，就掏出了一百元给姑娘。姑娘拿到钱，并没有立即揣到兜里，而是认真地掏出包里的纸笔，请王先生留下联系方式以便归还，王先生权当是发善心，劝姑娘早点儿回家。姑娘还是执意让王先生留下联系方式，王先生碍不过，便留下了单位的地址。

后来，王先生忙于工作，便把这事给忘记了，一个多月后的一天，他收到了一封信。王先生觉得有些懵，后来打开信，信中说谢谢王先生信任她，伸出援助之手，做人要讲诚信，现在她把钱还回来了。王先生这才想起这件事情，心中暖暖的。

你或许身处逆境，或许身无分文，但是你不可以不讲诚信。诚实守信是做人的底线，失信才是一个人最大的破产，只要信用还在，你就有突破困境的机会，所以你要珍惜别人对你的信任。

敬忠言

老子云："人无信不立，业无信不兴，国无信则衰。"因为诚信是一个人的立身之本，只有诚实守信的人，才值得他人尊重与信任，才值得被委以重任。

文中公交车司机的出发点是好的。面对两个女孩儿不诚信的行为，有些家长只着眼于当下，觉得此事让自己没面子，怕孩子受到"不公平待遇"会产生心理阴影，所以让他人道歉，这不是明智家长的做法。如果家长抓住此次教育契机，深挖根源，帮孩子改正，相信将来教育孩子会简单很多。

在生活中，家长以身作则，言行一致，对孩子教育来说，这胜过千言万语。

遵守规则，才会走得更稳更远

孩子不只生活在家庭中，还生活在社会中，认识、理解、践行基本的社会行为规则，这是孩子愉快生活、交往、学习的前提。因此，从小对孩子进行规则意识、安全意识的培养，具有非常重要的意义。

01

说起遵守规则，不得不提重庆万州公交车坠江的悲剧。

悲剧的发生，源于车内一名女乘客因错过下车站点，强行要求从无公交站的地点下车，从而与司机发生争执。争吵中，女乘客气愤不过，持手机两次殴打司机，司机被惹怒还击，进而导致车辆失控，撞上正常行驶的小轿车，最终撞断护栏坠入江中。车上15名乘客就此丧生。

血淋淋的教训，告诉我们遵守规则多么重要。我们更应该明白，规则教育、安全教育是基础教育中重要的一课，家长作为孩子从家庭走向社会的引路人，一定要对孩子从小进行基本规则意识、安全意识的培养。

俗话说"言传不如身教"，家长在生活中以身作则是对孩子最好的教育，"乘公交车要排队""坐地铁要先下后上""过马路要走斑马线""红灯停绿灯行"等最基本的交通规则，家长注意遵守，孩子自然也会跟着学。

但在生活中，我们经常会看到，有些父母牵着孩子的小手闯红灯。如果父母在孩子面前扮演了"社会规则破坏者"的角色，那么就不要责怪孩子长大了不遵守规则。父母是原件，孩子是复印件，父母怎么做，孩子就会跟着怎么做。

02

遵守规则不仅是一个人的基本素养，更是做人的道德底线。

说起规则，不禁让人想起不久前的高铁"霸座"事件。有一个"霸座男"明明买的不是那个位置的车票，偏偏坐在那里不起来，还大言不惭地说："站不起来，到站帮我找个轮椅。"

让人没想到的是，"霸座男"竟然是一个研究生。高学历的他做出这种低素质的事，不禁让人唏嘘。

无论是坐车逃票还是插队，都是不诚信、不道德、不遵守规则的行为，本质是没有规则意识。如果有规则意识，有基本的羞耻心，绝对不会有理直气壮的"霸座"行为。父母都不遵守规则，又何以教育孩子遵守规则呢？

03

"国有国法，家有家规"，一个孩子在家没有规则感，在外更难有规则意识。家长应放下姿态和孩子一起制定家规，只有这样才可以让孩子有参与感和执行力。

在电视节目《家规72小时》第三集《家和万事兴》中，有一个很有代表性的案例。6岁的小女孩儿小玉，由于父母工作很忙，暑假经朋友介绍被送到家庭教育指导师陈红燕家里照看。陈红燕当时在家组建了"家规体验营"，5个孩子在家每天早上5点多就起床，5点半出门打篮球，7点回来，7点半打扫卫生，然后写作业。大家各司其职，每天忙得不亦乐乎。在体验营里待了一周之后，小玉回到家就开始自己收拾房间，还帮妈妈拖地，并会指出爸爸妈妈喜欢说脏话的坏毛病，这让爸爸妈妈大吃一惊，没想到年纪小小的女儿开始主动监督爸爸妈妈，还要求和"家规体验营"一样，制定各种有趣而好玩儿的家规。小玉在陈红燕的"家规体验营"生活了一个月，过了一个很有意义的暑假，最后几个孩子快开学了，还难舍难分。后续回访中，这些孩子在家带着父母一起制定了家规，形成了各自的家风。

家庭是孩子成长的第一所学校，父母是孩子的第一任老师，父母什么样，孩子也会什么样。家长在说孩子无法无天的时候，是不是可以静下心来看看孩子身上是不是有我们的影子。起初，小桂子、小玉在家并没有很强的规则感，参加体验营后有了变化，他们反过来要求家长制定家规，这是一种倒逼式典型案例。

敬忠言

规则后成于道德习俗，先成于法律法规。"国有国法，家有家规"，我国从南北朝时期就开始盛行家风，细化家规。有淳朴家风、卓正家规的家族往往人才辈出，如曲阜孔家、义门陈家、吴越钱家等。有家规的家庭或家族，成员之间修身、处世有据可依，家庭内部少有矛盾。

现如今，出门遵守交规，过马路"红灯停，绿灯行"是最基本的社会规则，若家长为了赶时间而肆意穿行马路，往往容易发生悲剧。长久规则的遵守者，必是规则长久的受益者。

敢作敢当的孩子才有魅力

当孩子做错事的时候，家长经常会问："是不是你干的？"

孩子会立马反驳："不是我！"

"可我明明看到是你干的，还说不是？做错事不承认，还撒谎？"家长越说越愤怒，孩子却依然嘴硬，说道："不是我，就不是我！"

孩子出于恐惧，害怕承认错误后受到批评，往往本能地逃避责任。此时，若家长换种沟通方式，或许会收到意想不到的效果。

01

上面的场景是不是很熟悉？前段时间，一条消息被很多网站转载，相信很多人看过。

某小区的道路两旁停满了私家车，十几辆车全被利器划得"伤痕累累"。粗略估计，仅这些划痕的修理费就高达四五万元。车主们很愤怒，声称一定要报警，揪出这个恶意划车的人。

后来从小区的监控录像中发现，这是一大一小两个孩子搞的恶作剧。大一点儿的孩子像个小学生，脚下踩着滑板车，小一点儿的孩子估计才上幼儿园。他们一路走一路划。但视频中看不清孩子的脸，无法辨识是谁家的孩子。

警方介入调查后，网络和报纸上也都相应报道了此事。第二天下午，一位女士给派出所打电话说划伤汽车的是她家孩子，她愿意承担全部责任。

这位妈妈没有斥责孩子，也没有打骂孩子，而是先打印了几十份致歉信，张贴在小区所有的出入口和楼梯口，随后联系了一家信誉很好的汽车修理行，负责修理所有被孩子划伤的汽车，最后领着孩子挨家挨户登门道歉，门铃由孩子自己的按。她之所以这样做，是想让孩子勇于面对自己的错误。

这位妈妈的做法得到了广大网友的支持和点赞，她不仅没有推卸责任，还教会了孩子学会担当，让他们勇于面对自己的错误，并为所犯的错误做出相应的补救措施。

无独有偶，一个八九岁的小男孩儿在小区骑自行车玩耍时，不小心撞上了一辆停放在路边的小轿车，还把汽车的尾灯撞坏了。孩子有点儿懵，不知该怎么办，他跑回家，告诉妈妈事情的来龙去脉，妈妈与他一起在汽车旁等待车主。由于等了很久都没等到，妈妈便写了一张纸条贴在车上，给车主留下了自己的联系方式。

可以看出，这位妈妈是一个很有责任心的人，孩子也是一个敢于承担的小男子汉。对于八九岁的孩子来说，做错事后不敢告诉家长是很正常的，因为承认错误后有可能挨打或受斥责。但这个小男孩儿没有选择逃避，而是勇于承担责任。这位妈妈看到孩子犯错，也没有一味地袒护，而是和孩子一起承认错误。

上述两位妈妈用行动告诉我们：家长是孩子最好的榜样，家长的一言一行都影响着孩子。有担当的家长教育出来的肯定是特别勇敢、特别自信，做错事勇于承担的好孩子。

02

若想让孩子有担当，在他做错事时，家长务必将打骂换成理解和尊重。家长千万不要被自己的情绪所掌控，而是要静下心来，给孩子一个解释的机会，再给他足够的鼓励，这时孩子便会主动承认错误。

朋友一家去吃火锅，吃完爸爸去结账，妈妈带着女儿到走廊边看花儿。花盆里有很多漂亮的鹅卵石，女儿很喜欢，顺手从里面拿了几颗。

结完账走在回家的路上，妈妈才注意到女儿手里的鹅卵石，便问她："你拿鹅卵石给人家说了吗？"

女儿摇着头说："没有。"

爸爸生气地说："那就算是偷的。"

孩子一听到手里的几块石头是偷的，感觉做错了事，立刻扔给妈妈说："给你吧，我不要了。"

妈妈蹲下来，看着女儿的眼睛说："我们给人家送回去，好不好？知错就改，才是一个敢作敢当的好孩子。"

小女孩儿后退了几步，摇摇头，没有说话。在她的心中，"偷"是一个令人很不齿的行为，她又害怕人家责怪，所以不敢送回去。

这时妈妈看着她的眼睛说："妈妈陪你一起去，我们向阿姨说声'对不起'。以后再拿人家的东西，一定要征得人家的同意，好不好？"小女孩儿点了点头，然后怯怯地跟在妈妈身后，把石头送了回去。

当孩子没有勇气面对自己犯的错误时，家长应该给予孩子足够的勇气。父母的态度对孩子的影响很大，往往会潜移默化地改变他们。

　　小孩子的思想往往很单纯，随着慢慢长大，他们逐渐学到很多东西，其中很多是从父母身上学到的，所以才说父母是孩子最好的老师，也是孩子的第一任老师。家长要教会孩子勇于承担，因为敢作敢当的孩子才最有魅力。

敬忠言

　　古人曰："人谁无过，过而能改，善莫大焉。"对于成长路上的孩子来说，犯错不可怕，犯错后敢于担当的态度及做出补救的措施，才让人觉得可敬。

　　孩子为什么做错了事情会撒谎，不敢面对？很多情况下孩子犯错，家长首先想到的是"面子"，想到的是"我付出了这么多，教了你多少次，你居然还犯这种错"。家长被自我的挫败感所打败，被情绪所控制。这时候若能用"费斯汀格法则"管控情绪，回归事情本原，静下来慢慢释放自己的情绪，再回来听听孩子的解释，鼓励孩子主动去承认错误，并从错误中反思总结。这样你慢慢就会看到孩子的成长，变得更加阳光、自信。

第三章

独立的孩子不可复制

孩子，独立是成长的第一步，没有人能代替你。

你是自己生命的主人，要成为独一无二的自己！

勤快孩子都有"懒"父母

俗话说：勤快父母，懒孩子。父母什么都替孩子做了，孩子自然就变懒了。父母适当"偷懒"，孩子自己才能动手，从而不断进步，快速成长。

研究表明，孩子在成长期，对自己感兴趣的事情都想去尝试和体验。父母不妨适当放手，将主动权交还给孩子，从小培养其生活自理能力。

01

谈及生活自理能力，不得不说"神童"魏永康的故事。

"天才少年"魏永康，2岁时就掌握了上千个汉字，4岁时基本学完了初中阶段的课程，8岁时连跳几级进入县属重点中学读书，13岁时以优异的成绩考入湘潭大学，17岁大学毕业后考入了中科院高能物理研究所，硕博连读。

魏永康的妈妈认为，孩子只有专心读书，将来才会有出息。于是，她将家务活儿包揽起来，甚至早晨把牙膏挤好，给儿子端饭、洗澡、洗脸、喂饭。后来读湘潭大学时，妈妈也一直"陪读"，照顾儿子的饮食起居。

到中科院读书后，魏永康认为自己已经长大了，便执意不要母亲继续"陪读"，孤身一人来到北京。但是，突然没了母亲的照料，魏永康很不适应，甚至无法安排自己的学习和生活，连吃饭穿衣也需要教授提醒。最终他由于长期生活不能自理，被中科院劝退回家。

时隔多年，现今的魏永康过上了正常人的生活，"神童"光环虽已退去，却收获了更"实在"的人生。从"天才少年"到被中科院劝退再到过上正常人的生活，这期间，魏永康经历了常人难以想象的艰难和曲折。

这虽然只是一个极端的例子，但却反映出良好的家庭教育的重要性。现在大部分孩子存在自理能力差、不会做家务的问题，学习对于孩子来说固然重要，但也千万不要忽略了对孩子生存技能的培养。父母与其为孩子操持一切，不如放手将生活还给孩子，让他们按照自己的方式去成长。

02

有人说爱孩子就要给他最好的东西，可是否真正考虑过孩子能否接受这个最好的，且长久保持呢？其实，给孩子最好的爱，就是要培养他自己换取和拥有最好东西的能力，这样以后不管他自己想要什么，他都能自己获得。

开学第一天，宁波一小学为新入学的孩子准备了丰盛的午餐，每个孩子的餐盘里都盛有三只大虾。但令人不解的是，很多孩子面对餐盘中肥美的大虾，只是看看、闻闻，并没有吃。这是为什么呢？

通过询问得知，原来有一半的孩子都不会剥虾，他们平时在家吃虾都是父母给剥好，所以孩子们明明很想吃，却不知从何下手。对于这一现象，校长却表示已经很知足了，因为前两年只有几个孩子会自己动手剥虾吃。

家长平日舍不得让孩子吃苦，导致孩子开学第一天就受挫。"授人以鱼不如授人以渔"的道理大家都懂，只是很多父母都抱有一种错误的想法，认为这些琐碎的小事，等孩子长大后自然而然就会了。

事实并非如此，孩子从小没有得到培养和训练，长大后更不知从何下手。父母一味地包办，长此以往只会让孩子丧失独立意识，欠缺独立动手的能力，最终对父母形成依赖心理。

自理能力需要从小开始训练，自立意识更要从小培养，这些都需要父母懂得适时放手。父母往后退一步，孩子就会前进一步。太勤快的父母培养不出自理能力强的孩子，因为你站在孩子前面，自然而然地就挡住了孩子前进的道路。

03

在"421"家庭模式（四个老人，一对夫妻，一个孩子）中，孩子自己动手的机会越来越少，自理能力也越来越差。

很多时候，父母为了保障孩子充足的学习时间，一手包办了所有家务。其实让孩子适当做家务，不仅不会耽误孩子的学习，还有诸多积极意义。学习与生活都是人生的重要组成部分，父母要及早明白，学习是孩子的事，生活也是孩子的事。

孩子是家庭中的一员，让孩子做一部分家务，对培养孩子的责任心尤为重要。孩子会做家务，会自己照顾自己，无论到了什么环境都能快速适应，这也是提升自信心的好方法。家务事中的先后顺序也需合理安排，在这个过程中还能锻炼孩子有效管理时间的能力。

父母要学会放手，将主动权交给孩子。孩子每一次主动尝试都会有一种满足感和成就感，这种体验会增强孩子的信心，激励他主动去做事。生活自理能力是孩子进入社会生活的第一步，要让孩子按照自己的方式去生活。

敬忠言

俗话说："穷人的孩子早当家""当家才知柴米贵"，否则哪懂"巧妇难为无米之炊"呢？所以让孩子从小学做家务是让孩子懂事的一种方式。

被誉为"立德立言立功三不朽，为师为将为相一完人"的晚清名臣曾国藩在家书中提到，治家传承有几点要注意：早起、做家务、读书。早起是为了有良好的精神状态，有更充沛的精力去工作。做家务是了解做事程序，分担生活重担，体会生活不易。读书是要修身立德、知书达理。

当今社会，孩子的学业繁重，鼓励孩子做家务，是能够促进孩子学业进步的。家长千万不要说"你只要好好学习，其他事情都别管"这类话，一旦孩子养成习惯，可能会给今后的生活带来障碍。

让孩子拥有生活自理能力，是对孩子当下的基本要求，是孩子将来独立生活的基本保障，家长不能永远做孩子的"保姆"。

为了孩子好，还是父母觉得好？

"我们都是为了你好，长大了你就明白了"这句话的潜台词是：我是为你好，你就必须听我的。父母一边说着为孩子好，一边把大小事务都替孩子安排好，在无形中剥夺了孩子自主判断和选择的权利，不知是为了孩子好，还是父母觉得好。

01

奶奶带着小孙女普普去商场，想要给普普买条新裙子，普普很开心，一路上蹦蹦跳跳的。可是到了商场，在挑选裙子的时候，奶奶跟普普的意见产生了分歧。

"奶奶，我要这个。"普普指着一件白色的蓬蓬裙说道。

奶奶左看看右看看，觉得白色的蓬蓬裙是很好看，但不耐脏，"不行，裙子太白了，不耐脏，还是这件红纱裙好看。"

普普摇摇头说："我不要红色的，很难看，我喜欢这件白色的，蓬蓬的很漂亮，穿上像小仙女似的，我就想要白色的！"

奶奶一直说普普穿红纱裙最漂亮。劝说几次普普都不答应，奶奶有点儿生气了。

普普指着白色蓬蓬裙，很坚决地要白色的。

"不行！奶奶替你决定了，就买这件红色的！白色的不耐脏，脏了特别难洗，红色的耐脏，而且也很好看。"奶奶不顾哭闹的普普，坚决买了红色的纱裙。

普普虽然买了新衣服，却没有来时路上那样开心。在回家的路上奶奶还一直劝说普普："奶奶是为你好，白色的不耐脏，穿两次弄脏了就不好看了……"

奶奶考虑的是白色洗起来很麻烦，却没有考虑到孩子的感受。即便白色不耐脏，也需要让孩子自己去体验，让孩子自己去比较到底是白裙子好还是红裙子好，而不是自行替孩子做主。一句"为你好"就剥夺了普普自己选择衣服颜色的权利，没有选择的权利又如何能练就选择的能力呢？

有些家长一边抱怨孩子没想法，一边又匆忙地帮孩子做决定。就这样，孩子的自主决策权一点点被取代，最终变得没有想法。父母若要培养孩子独立决策的能力，就应该为孩子提供独立活动的空间和独立做决定的机会，就应该从"穿什么""吃什么""玩儿什么""跟谁玩儿"这些小事开始，给孩子创造有利条件，鼓励、引导孩子自主做决定，由小及大，孩子慢慢就会有自己的想法。

02

敏捷的思维、善于独立思考的品质和应变的能力是孩子独立决策能力的三个核心要素。因此，父母不妨交给孩子一些任务，放手让孩子去做决定，不要干预，只是在孩子需要的时候给出建议，从而增强孩子独立决策的自信心。

关于这一点，文文妈妈就做得特别好。文文天性温和，优柔寡断，为了培养文文独立做决定的能力，妈妈时常鼓励文文，并为她提供锻炼的机会。

文文很懂事，平时很少向父母提购物要求。于是妈妈精心计划，决定带文文去逛商场。出门前妈妈对文文说："今天是中秋节，妈妈钱包里带了一千元钱，我们要给家里每个人买份礼物，由你来挑选。"

来到商场，看着琳琅满目的商品，文文一直说先逛逛再说。逛了一会儿，文文看着妈妈，小心翼翼地问："我真的可以做决定吗？"妈妈点了点头。

文文挑选的第一件礼物是一朵头花儿，送给妈妈。妈妈当时犹豫了一下，但是很快就答应了，还让女儿给自己戴上。

对于孩子来说，既要考虑家人的需求又要考虑预算，还是颇有难度的。其实，文文一直想给爸爸买个智能音箱，她知道爸爸在家里很少看电视，但是很喜欢听相声，智能音箱可以让爸爸随时都听到喜欢的相声段子。这是文文第一次做主选礼物，又是几百元的"大件"，所以她一直犹豫不决。最后，在妈妈的引导和鼓励下，文文为爸爸挑选了一个物美价廉的智能音箱，完成了这项任务。

这位妈妈的耐心和细心非常难得，在整个过程中，文文有了难忘的体验，获得了巨大的成就感，这对孩子提高独立决策能力有着重要的意义。

每个孩子都不一样，适合每个孩子的教育方法也不同。但是想要培养孩子的自主决策能力，一定要注意帮助孩子树立自信心，引导孩子消除心理上的障碍，这样才能提高他独立决策的能力。

03

有这样一则新闻，福建一位父亲利用暑假带着自己 11 岁的儿子环游中国。钱包由儿子保管，路上的行程、吃住都由孩子来决定，父亲只负责骑摩托车带着他赶路。

他们经过了福建、江西、安徽、江苏、山东、河北，最终抵达北京，然后再从北京经过河北、山西、陕西、重庆、湖北、湖南、广东，回到福建。这一路上，孩子不仅要利用晚上的时间来写作业，还要整理行李，规划第二天的行程线路。这位父亲说这是他能想到的陪伴儿子成长、培养儿子独立能力的最好方式。

这一路，孩子肯定会犯错，会做出一些错误的决定，这位父亲看在眼里，但他都"忍"住了，没有纠正，并将决定权交到孩子手中，也让孩子看到了自己做出错误决定的后果，这样他下次就会吸取教训，做出更好的决定。

其实这才是孩子成长的有效方式。父母希望孩子独立，但如果不放手，不给孩子机会，孩子又该如何独立呢？当孩子按照自己的步调生活时，他才会越来越独立。

作为父母，我们可以做孩子生命的导师、成长的陪伴者，但唯独不能成为孩子人生方向的干预者。学做"忍"得住的父母，把孩子的自主权还给他，让他以自己的方式慢慢长大。

犯错是孩子成长过程中不可回避的问题，如何看待这个问题，值得家长深思。是事事代劳，少让孩子犯错，还是所有的事情由孩子自己做，家长只给出建议？

我们必须注意两点：第一，孩子是有生命、有思想的个体，他

敬忠言

们终究要独立行走于社会。即便我们替孩子做决策，我们能保证每个决策都一定正确吗？一定符合孩子的人生吗？第二，我们终究会先老去。从小就不独立、胆小怕事的孩子，最后极有可能变成"啃老族"，这又是谁之过呢？

请家长学会从小事放手，让孩子在小事中经历挫折，在挫折中学会成长，学会感恩家长、尊重老师、提升自己，这样孩子在大事面前才可以从容淡定。

让孩子长成自己的模样

有一种父母，他们在孩子年幼时给予孩子无微不至的关爱，又在孩子逐渐长大的过程中懂得放手，让孩子长成自己的模样。

还有一种父母，时刻为孩子规划着，以爱之名包办一切。虽然目前看，结果是父母想要的，但真是孩子想要的吗？在父母的庇护之下，孩子会逐渐丢失部分独立性。父母包办一切，很容易导致孩子胆子小、不自信，缺乏担当。

01

前不久，在中国下一代教育基金会家庭教育发展论坛生态中国体验教育项目座谈中，专家提出把家庭教育融入到体验教育中，让孩子在体验教育时可以和家长一起探讨家庭教育，及时规避家庭教育的雷区，倡导陶行知先生的"生活即教育"理念。

在美术绘画展区，近 10 位小朋友在圆形扇子上手绘。一位妈妈看着孩子的画，提醒孩子说葫芦娃的头发是黑色的。

小男孩儿说："我画的葫芦娃是火娃，他的头发是火红的。"

妈妈听了哈哈大笑。

爸爸有点儿无奈："他嘴里喷火，可头发还是黑的呀。"

小男孩儿说："不，他的头发就是红色的，我画的是外国葫芦娃。"

在场的家庭教育指导师丽江说："这不是美术学习课程，是自由绘画训练，孩子可以放飞想象，他们这个年龄段正是培养创造力的时候。"

旁边另一位妈妈，一直很专注地，一笔一画地教女儿画美人鱼，不停地为孩子出谋划策。

给美人鱼上色时，妈妈在一旁给女儿递准备好的各色画笔，填充颜色。我们在旁边观察，忽然听到这位妈妈怒吼了一句："你想翻天是吧？给你说了好多次，从上往下画，老师是这样教你的吗？"女孩儿一脸委屈地看着妈妈，妈妈生气地夺过画笔，把女儿刚才着色不均匀的部分涂好，再让她继续画。一直到活动结束，其他小朋友都画完了，只有这个女孩儿才画了三分之一。

小女孩儿战战兢兢地说："妈妈，我还想去爬树……"

"叫你快点儿画，快点儿画，每次做事情都磨磨蹭蹭。快点儿去玩儿一会，注意安全，把扇子给我，我给你画好。"妈妈拿起画笔，给画作上色……

这位妈妈的做法不恰当，她剥夺了孩子独自成长的权利。如果孩子探索和自主行动的过程一再被父母打断，那么孩子永远无法独立自主。

爱孩子，就要学会放手，温室里长不出参天大树。作为父母，对孩子既要关心爱护，又要舍得放手，培养孩子独立生存、独立思考的能力，只有这样，孩子才能独自面对生活中的挑战和难题。

有些路只能孩子自己走，亲身经历过才是最好的历练。爱他就要让他长成自己的模样。

02

弗洛伊德说："成长的主要动力，来自和父母的分离。"父母无止境的付出，只会剥夺孩子成长的权利。学会放手，让孩子自己面对磨难和困难，是对他最好的教育。

前段时间看新闻，有一名海归硕士叫大卫，他于同济大学毕业后，又在加拿大名校滑铁卢大学拿到了硕士学位。然而，这个"别人家的孩子"自从回国后就一直待在家里，白天睡觉，晚上打游戏，生活全靠80多岁的母亲照顾。

上了年纪的母亲万般无奈地将儿子告上法庭，让他付赡养费，以此逼迫他工作。面对如今的局面，这位母亲流下懊悔的泪水："我教育不对，样样包办，他样样等现成的，依赖惯了""我毁了他的前途，我有罪"。

父母看到孩子做事拖拉，乱丢东西，房间乱七八糟，觉得孩子小或者孩子自己做又慢又麻烦，就忍不住帮忙收拾，大事小事一步到位。殊不知，父母的"忍不住"，正是孩子成长路上的最大障碍。

同样是无私付出，杭州街头一位做织补的母亲，将自己20多年的织补手艺传给儿子，让他自立门户，在离自己不远的街头摆摊做生意。

这对靠织补手艺谋生的母子，应客户邀请，乘飞机去青岛织补奔驰车篷，仅补两个洞就获得了1万元的酬劳。如今，他们通过自己的劳动，已在杭州买下了一套房子，但儿子一直怀揣一个梦想，就是希望能拥有一家店面，让母亲告别风吹雨淋的日子。

这位母亲对儿子的教育无疑是成功的，她毫无保留地将手艺传给儿子，但拒绝他"吃大锅饭"，而是让他"另起炉灶"。母子既是师徒，也是竞争对手。她的放手，推动着儿子的成长。

由此可见，如果父母一味地替孩子做事，孩子的动手能力就会逐渐退化。大大小小的事情，如果没有父母帮助，孩子便会寸步难行，长此以往，父母为孩子做的一切，孩子都认为是理所应当的。与其围着孩子转，不如放手让孩子自己来。

父母放手，孩子动手，让孩子独自面对他的人生，这样的父母才是明智的。那些事事代劳、从不教孩子独立的父母是不明智的。

03

哲学家弗洛姆曾说："教育的对立面就是操纵，它出于对孩子之潜能的生长缺乏信心，认为只有成年人去指导孩子该做哪些事、不该做哪些事，孩子才会获得正常的发展，然而这样的操纵是错误的。"

在前面的章节我们了解到，小桂子有良好的生活习惯，这次我们要说说她自己独自乘坐公交车上下学的事。

她家离学校约 5 站地，之前都是妈妈早上送她去学校，下午放学后爷爷去学校接。后来爷爷不幸过世了，从此接送任务就落在了爸爸妈妈身上，可是爸爸要照顾门市生意，妈妈要上班，两人都没有时间。刚开始只能请小桂子的舅舅来接她放学，但毕竟舅舅还有其他工作要做，有时没那么准时，怎么办呢？

于是，大家就想：小桂子长大了，她能不能自己上下学呢？当时家庭教育指导师陈红燕说，这么大的孩子，自己上下学是没有问题的，这个事情也可以通过制定家规来解决。

那么这样的家规如何制定呢？对于只有 7 岁的孩子，家长还是很不放心的，特别是对于独生子女而言，家长的保护欲很强，孩子是独苗，被视为掌上明珠，生怕出什么意外。所以家长必须要面对的是，孩子不可能永远活在家长的庇护之下，他们终究会成长，会有自己的生活，家长能做的就是尽快教会他们独立生活的本领，让他们依靠自己的能力走上自己的生活轨道。

针对这件事，家长首先要做的是考察当地治安环境，带着孩子走一次公交线路，并告诉她预计多久可以到家，以及中途可能遇到的情况。现在科技比较发达，也可以给孩子买一块电话手表，它在接打家长电话的同时兼具定位功能。

小桂子家通过家庭会议，各自发表看法，最终小桂子提出可以自己独立上下学，可以制定这项家规。如果小桂子自己独立上下学，那么放暑假时父母要带她去海南岛玩儿。

红燕老师心里有数。一般孩子都会在开始的时候兴致很高，心想这么简单的事情自己都不行吗？终于可以不用被爸爸妈妈催着回家了，下课还可以和同学多玩儿一会儿。各种理由都很充分，孩子当然会满口答应。

尽管做好了各种准备，第一天小桂子还是没有按时到家。下午4点放学，坐车5站地，到家的时间应该在4:30左右，可到了5点多她还没有到家。当时家里人都吓坏了，觉得孩子走丢了，便出去找，结果在离家不远的路上就看到她了。事后，家里人问她发生什么事情了，她说一看见车来就上了，之前都是大人带着，自己不用留意车到哪个站了。这一次，她也习惯性地没留意站点，上了车就看窗外的风景，结果坐到了终点站。一下车她就蒙了，这根本就不是家的方向，不过仔细一看，这个位置她还是记得的。这是舅舅以前工作的地方，她之前来过，也大概记得回家的路线。这时候她才记起自己该坐哪趟车，可是等了好一会儿也不见车来，便往回走。

了解到这些后，红燕老师说其实孩子还是遵守约定的，虽然最后晚了些到家，但最起码是自己到家的。

红燕老师事后问小桂子："还记得遇到危险该怎么做吗？"

小桂子说："就是找到附近的报刊亭，让叔叔阿姨帮忙给爸爸打电话。"

红燕老师说："那你干吗不按之前约定好的，走丢了就马上找个电话亭，打电话给你爸爸，而要坚持自己走回来呢？"

小桂子说："我和爸爸妈妈之前约定好的，要自己回家，才算独立上下学。"

红燕老师问她："你当时怕不怕？"

小桂子说："有点儿怕，我下车一看不是我家门口的样子，我就怕了。"

红燕老师说："怕了就马上打电话，让爸爸妈妈来接你，也免得他们担心哪。"

小桂子说："我细看了一下，想起来舅舅之前在这附近工作过，我就不怕了，我能找到回家的路。"

在经历了这件事情之后，家人都有点儿担心，大家开始讨论到底要不要让小桂子继续独立上下学。小桂子表示自己没有问题："我知道这次我犯错了，上车后没有留意站点，坐过了站，不过下次我一定会记住的。"

红燕老师说："这件事看似让小桂子受到了惊吓，但从长远来看，绝对是好事。她以后一定不会随便见车就上，也不会让爸爸妈妈担心，起码在这附近不会走丢了。"

小桂子的爸爸说："经过这次演练，以及孩子所表现出来的镇静，我也更支持孩子独立上下学了。"

后来小桂子开始自己规划从起床到出门的时间，让妈妈监督，独立上下学，再也不用家人接送，她很有成就感。暑假的时候，小桂子如愿到海南岛去玩儿了。

作为父母，我们应该明白：孩子自己能做的事，尽量放手让他去做，千万不要替他做。替孩子做他力所能及的事，无疑是剥夺了孩子成长的权利，不仅会打击他的积极性，也会让他失去锻炼的机会。

当你不放心、不放手，什么事情都要干预，什么事情都要插手，什么事情都要包办时，无疑是在告诉孩子："你不行！我不相信你能做好，你不值得我信任。"更可悲的是，当你错过了培养孩子独立能力的关键期，且没有给予他正确的引导，将来他只会越来越依赖你，自理能力也只会越来越差，很多事情也不敢去尝试，到那时你只会后悔莫及。

敬忠言

俗话说，吃一堑，长一智。很多家长抱怨，孩子不长记性，刚犯的错，很快又犯了。而孩子内心想的是，反正父母会提醒我改正的。这无疑是一种被动的成长模式，是家长没有放手让孩子进入自主成长的轨道中。

作为父母，我们在给予孩子爱的同时，也请记得适当放手，让孩子按照自己的方式去做、去生活。当他真正独立了，你便可以得体地退出他的生活，让他去成长。孩子是独立的个体，迟早会离开父母，成为他自己。

为了让孩子快速掌握基本的生活技能、社会生活模式，父母要懂得适时放手，这才是给予孩子的真正的、长久的爱。

"后果自负"也是一种成长

不好好儿吃饭，就会饿肚子；天冷不加衣，就会冻得全身发抖；不写作业，就会被老师批评；不处理好人际关系，就可能会被孤立或被他人欺负等。犯错是孩子成长中必不可少的经历，只有在错误中不断总结经验，才能不断使自己羽翼丰满，最终展翅高飞。

作为父母，不妨允许并鼓励孩子犯一些"天真"的错误，并敢于放手让孩子去大胆地想，大胆地做，大胆地承担。犯了错就需要承担后果，而独立承担后果需要有担当，这也是一种成长。

01

小杰是由爷爷奶奶带大的，他从小便集万千宠爱于一身，上二年级了还严重挑食，爸爸想趁着周末改正小杰严重挑食的毛病。

中午，爸爸做饭时故意没做小杰爱吃的排骨。他喊小杰吃饭，小杰看看饭桌上没有一样儿自己爱吃的菜，于是赌气说："我不饿，不吃了。"

爸爸提前和家人约定好了，只许家人"观战"。所以家人没有像往常一样哄小杰吃饭，也没有为他做其他菜，只有爸爸淡淡地问小杰："你确定不吃吗？待会儿可能会饿的。"

小杰看看餐桌，坚定地说："我确定！"

爸爸说："你不吃饭可以，但是下顿饭要等到晚上才能吃，这期间不会有人给你做饭，也不会给你零食吃。"小杰嘟嘟嘴，哼了一句，转身进自己房间玩儿去了。

大人们吃完饭，都在喝茶、看书、聊天儿，差不多两点半，小杰感觉有点儿饿了，于是来找爸爸想要吃东西。爸爸告诉他："刚刚已经说好了，是你自己不想吃饭的，所以你要等到晚饭时间。"小杰只好挨到了晚上。

这顿晚饭，虽然还是没有小杰最爱吃的排骨，但是小杰吃得格外香，一点儿都没挑三拣四。小杰的爸爸就是用这个方法，改掉了小杰挑食的坏毛病。现在，不管做什么饭菜，小杰都会好好儿吃饭。

小杰爸爸因为在家树立了权威和信誉，虽然和小杰是口头协议，但是在家人的默契配合下，才使得"饥饿疗法"效果显著。在"饥饿疗法"实施的过程中，家长内部必须密切合作，形成"统一战线"，再由爸爸出面，跟孩子讲明要求，和孩子达成一致，同时也必须明确家规细则，防范这种口头协议失效。比如这一顿饭不想吃可以，那么在下一顿饭之前也不许吃零食。家人在执行过程中一定要严格，不能留有余地。

不论孩子年龄大小，家长都必须培养孩子独自承担责任的勇气和能力，这在孩子的成长过程中是不可或缺的。

02

米淑是个活泼可爱的小姑娘，但却有个爱发脾气、乱扔东西的坏毛病。

有一次，妈妈的同事带孩子来她家做客，吃完饭后米淑就和小朋友玩儿起过家家的游戏。一开始米淑跟小朋友玩儿得很开心，可是过了一会儿两人因为谁当老师谁当学生起了争执，两人都想当老师。争执不下，米淑发起脾气来，她提起自己的玩具箱往地上一扔，瞬间玩具滚落得满客厅都是，接着她又推翻凳子和小黑板。

米淑的奶奶看到后说："你又这样，一会儿妈妈要打你了。"然后蹲下身去一件一件收起来。

很多人都像米淑奶奶这样习惯替孩子收拾"残局"，但往往孩子重复出现这种行为，正是因为有人替他收拾"残局"，这样只会让孩子习惯性地认为家长会替他承担后果。一句不痛不痒的唠叨是不能让孩子改掉坏毛病的。

遇到这种情况，家长可以换一种做法：当孩子第一次发脾气乱扔东西时，不去打他、骂他，而是先蹲下来平和地问清原因，如果孩子需要，家长可以提供解决方案。但家长必须坚定地告诉孩子，他的东西，他自己要全部收拾好，这样下一次他再想发脾气、乱扔东西的时候就要想一想了，因为他要对自己的行为负责。

在一次次"自负后果"的实践中，孩子就能够明白什么该做、什么不该做，是非观念就逐渐增强了。

03

决定孩子成长的是孩子自己对事物的认识和理解，而非家长的替代。

晓晓上一年级时，每天晚上写完作业，还要玩儿很久，妈妈得来催她睡觉。第二天早上妈妈要叫很多次她才肯起床，每次时间都十分紧张，经常是快迟到了才到学校。

妈妈觉得这个问题很严重，但孩子屡教不改，因为她根本不担心迟到会引发什么后果，她只知道，一切都有妈妈在前面"挡"着。

这天，妈妈跟她约定不再提醒她睡觉和起床，由她自己安排时间。晓晓并没当回事，满口答应了，并且自己定了闹钟。结果到了晚上 11 点，晓晓还在玩儿，妈妈冒着明天上班也会迟到的风险坚决不管她。第二天，闹钟响了好几次晓晓也不起床，当她起床的时候已经很晚了，她匆匆忙忙赶到学校，结果迟到了。

这天，晓晓回家后，心情很低落，噘着嘴对妈妈说老师当着全班同学的面批评了她，她觉得很丢人，问妈妈："你怎么不叫我呀？"

妈妈说："闹钟已经叫过你很多次了，昨天你也答应了，但你没有做到，所以你要自己承担后果呀，再说你的时间，你自己要安排好，你说是不是？"

晓晓还是不服气，责怪妈妈没有叫她。

妈妈耐心地对她说："今天因送你上学，妈妈上班也迟到了，也受到了领导的批评，还被扣了奖金。再这样下去，妈妈就没有多余的零花钱给你买好吃好玩儿的了，你说怎么办呢？以后你来叫妈妈起床吧！"

晓晓说："妈妈起床是妈妈自己的事情呀，为什么要让我叫你起床呢？"

妈妈接着说："对呀，晓晓起床也是晓晓自己的事情，为什么要让妈妈提醒呢？"

晓晓："因为你是我妈妈呀。"

妈妈说："孩子，妈妈是妈妈，有些事情妈妈可以替你做，提醒你去做，可是时间是你自己的，你要学会管理。你迟到了，要对自己的行为负责，老师批评你，妈妈也替代不了呀，妈妈不可能永远在你身边提醒你！"

经过妈妈这样一番将心比心、换位思考的引导，晓晓才真正认识到睡觉、起床这些事情要自己做好才行。于是，她每天都定好闹钟，按时睡觉、起床，再也没有迟到过。

作为父母，为孩子遮风挡雨固然是爱的体现，但是睿智地留一些"后果"让孩子自行承担，让他总结经验教训，懂得改正错误，也是一种别样的成长。

后果自负，能使人心生警诫。但是在日常生活中，要做到独立决策，独自承担后果，确实很难。

敬忠言

在这里，我想从家长的角度来反向推导"承担后果"——我们没有科学教育子女，后果谁来承担。首先是孩子承担，孩子失去了各种锻炼的机会，他可能就成了没有理想、不自信的孩子。

其次是家长承担，孩子不成器，家长一定不堪其忧。

最后就是社会来承担。一个以自我为中心、自私自利、无法控制情绪的人，可能会做出一些影响社会和谐的事情。

那我们该如何让事情变得更好呢？对于一些事情，让孩子自己去做决策、去行动，在没有父母的帮助时，他们会特别慎重，会做出一个令自己满意的"结果"。

请把决定权交给孩子，把承担责任、练就坚实臂膀的机会交给孩子，在这个过程中给予孩子关注和引导，而不是强势去指责，更不要一味替孩子承担结果，这样孩子才能得到他想要的"结果"，否则我们就必须"后果自负"了。

陪伴不打扰，孩子思想更独立

每个孩子出生时都是一张白纸，父母手握画笔。父母如何画，孩子就如何呈现，孩子的成长变化就是父母的"杰作"。

在孩子成长的过程中，父母若把自己的意志强加给孩子，只会扰乱他的成长节奏，使得他不能自己去体验、去感知。不要等到孩子长大后，再去责怪他缺乏独立思考的能力。

01

父母的陪伴式教育虽好，但孩子又时常受到父母的各种干扰。干扰就是打扰，更有甚者是干涉，父母过多的干涉会打断孩子的专注力。所以说，家长陪伴而不打扰是孩子独立成长的一个重要条件。

大宝是个小男孩儿，他非常喜欢玩儿积木。有时候爸爸妈妈会陪他一起玩儿，可是一段时间下来，大宝有了自己的小心思，他更喜欢妈妈陪着，不喜欢爸爸陪着，这到底是怎么回事呢？

原来，大宝的爸爸是个急性子，每次大宝玩儿积木的时候，爸爸都会帮他找零件，一会儿告诉他这个插在这儿，一会儿告诉他那个要拔下来重新插。虽然小汽车做好了，可是大宝不知道这到底是爸爸做的，还是自己做的。

妈妈则不同，她会耐心地在一旁陪着大宝，说明书上有大宝不认识的字或看不懂的内容的时候，妈妈会耐心地给他讲解；零件箱里有零件实在找不到的时候，妈妈就会细心地帮他找。除此之外，妈妈不会插手，大宝想搭什么样的房子、做什么样的汽车，妈妈都会让大宝自己决定。

陪伴而不打扰，就是放手让孩子独立完成每一件力所能及的事情。在孩子探索的过程中，家长只需要帮他排除那些可能会遇到的困难就好，或者当孩子遇到挫折向家长求助的时候，家长给予他必要的帮助和支持就好。

不要代替孩子去思考或者行动，只做孩子的观察者和协助者，让孩子在不受打扰的环境中自由成长，让孩子形成独立思考的好习惯。这样，他才会慢慢成长为一个自立自强、有独立思想的人。

02

当孩子遇到难题的时候，给予孩子启发和引导，帮助孩子解决难题；在孩子遇到困难的时候，为孩子分析和疏导，帮助孩子想办法走出困境，这样做比直接替孩子解决难题要明智得多，更有利于培养孩子独立思考的习惯。

小军有一天遇到了一个难题，他想了好久，仍不知道怎么办，只好向爸爸求助。他向爸爸讲述了事情的经过。

"同学小强有一支漂亮的钢笔，经常拿出来炫耀，惹得同学们都非常羡慕。可是那天上完体育课后，小强的那支钢笔不翼而飞，小强说他看到小军在体育课上曾回过教室喝水，所以就一口认定是小军拿了他的钢笔。"

听完事情的经过，爸爸首先问小军："那么钢笔是你拿的吗？"小军回答："不是我，我没有拿。"

"那么你回教室的过程中，发现其他同学回去过吗？"爸爸又问。"我看到琴琴一脸慌张地从教室跑出来。"小军说完这句话，还没等爸爸开口他就恍然大悟地说："一定是琴琴拿了小强的钢笔。"

"既然你怀疑是琴琴，那你准备怎么做呢？"爸爸继续问他。

"我明天要去跟小强说，他的钢笔不是我拿的，是琴琴拿的。"小军回答。

"你再仔细想想，你这样做的话有没有什么不妥的地方？"爸爸提醒。

小军垂头想了一会儿，抬起头望着爸爸说："我如果这么做的话，同学们一定会看不起琴琴的。"

"嗯，确实是这样，那么你明天还要坚持去找小强说明情况吗？"爸爸继续问。

这一次，小军想了好一会儿，犹豫着说："我想这样，明天我去找琴琴，指出她的错误，让她自己把钢笔放回小强的书包里。"

爸爸点点头，觉得可以试试。

第二天放学后，小军告诉爸爸两件事，一是琴琴向他承认了错误，悄悄把钢笔放进了小强的书包里，并表示以后绝对不再犯这样的错；二是小强在书包里发现钢笔后向自己道歉了，说他没好好儿找就以为钢笔丢了。

孩子遇到难题时，也正是父母引导他成长的好时机，可如果父母出于"好心"帮孩子想好、做好所有的事，那么孩子会变"懒"，慢慢成为"伸手族"。

停止对孩子有求必应的错误做法，为孩子解围不如教孩子自救，启发孩子自己解决困难。让孩子自己去了解事情的真相，凭借自己的理解去判断是非对错，逐渐形成自己的思想。

03

每个孩子生来都是独立的个体，他们有自己的想法和判断。父母若长期包办、控制一切，只会剥夺孩子自我思考的能力。

有一个绘画老师，很受小朋友们欢迎。因为这个老师不仅注重教学，更加注重孩子的身心健康。

有一次，她让孩子们画树，多数孩子画的都是春天和夏天的树，只有一个孩子画的是秋天的树，树干、树枝都光秃秃的，落叶铺满了地面。作品完成，这个孩子欣喜万分地站起来，想要交给老师时，忽然听到其他孩子都在议论："画的什么树哇，这么丑，我妈妈说树上都长满了叶子""就是就是，我妈妈说，满树绿叶才好看""是呀是呀，光秃秃的，一点儿都不好看"……

面对其他小朋友的质疑，这个孩子不知所措，失落地坐下，把目光转向了老师。这位老师没说什么，只是向孩子们展示了一些画面。这些画面都是关于树的，春、夏、秋、冬四季的树都有，每一个季节的树都有不同的美。慢慢地孩子们不说话了，最后竟然有点儿羡慕那个画秋天的树的孩子，羡慕他独特的角度、与众不同的审美。

我们都知道，每个人都是不同的个体，都有自己的思想、兴趣、爱好、习惯等，但是孩子不知道，他觉得自己怎么想，同龄的小伙伴也会怎么想。当发现自己与别人的想法不同时，他便会惴惴不安。来自同伴的质疑，他更不知如何排解？

作为父母，我们应当告诉孩子：世界上每个人都不一样，在与人交往的过程中要试着去理解他人的思维方式和处事模式，你一定会受益匪浅。

我希望家长能认识到孩子独立成长的重要性。首先要让孩子学会在生活中自理，哪怕只是让他们自己去选择适合的衣服，让他们自己穿衣服、系鞋带。

其次要让孩子每天在家适当做点儿家务，在做家务的过程中体验做好每一件小事都不容易，会历经挫折，孩子才会懂得小事做好，大事才做得了。孩子的切身体验，比家长说教一百遍都有用。

至于学习，做作业时如果你比他着急，他就会拖拖拉拉，当你能够做到平心静气，把学习的时间管理权交给孩子，让他学会自己安排，他就会慢慢懂得，学习是自己的事情，从而独立决策，自己承担责任。如果他在行动过程中遇到了困难，这时候你再给予适当的指导。家长最好提前对事情做出预警，监控事态发展，当预警出现了，就能反向印证家长的远见，以后家长的意见才会受到重视，家长才有威信。之后家长和孩子可以一起总结经验，相互鼓励，有则改之，无则加勉，经历几件事情后，孩子的独立意识就培养出来了。

第四章

共情释放的无限力量

事前事后，多为别人着想，

设身处地，换位思考，

就会感同身受，产生共鸣。

爱心是一朵花，需要悉心浇灌

《三字经》说："人之初，性本善。性相近，习相远。"人本性是好的，成长过程中，后天的学习环境不一样，性情也就有了好与坏的差别。

爱心是一朵花，需要悉心浇灌。孩子在成长过程中接收到的第一份爱和善意，一定来自父母。想要把孩子教育成什么样的人，首先你就要成为那样的人，就像卢梭所说，人的教育在他出生的时候就开始了，在他不会说话和听别人说话以前，他就已经受到教育的启蒙了。

01

孩子天生都是善良和纯真的，会受到来自父母的直接影响。如果父母是富有爱心并乐于助人的人，孩子也会在潜移默化中学会关心和同情别人。

"民族英雄"林则徐在很小的时候就树立了扶弱济贫的仁爱思想，这源于他父亲的示范作用。

林则徐的父亲林宾日为人善良，极富爱心，平日以教书为生，维持着一家人的生计。虽然收入微薄，但每当遇到比自己更困苦的人时，他却总是慷慨解囊，热心救助。

有一件事，给小林则徐留下了深刻的印象。一次，林则徐的三伯父家因贫寒吃不上饭了，林则徐的父亲就把家中仅有的一点儿米送给了三伯父，为此林则徐一家只能忍饥挨饿。林父害怕林则徐的三伯父知道实情后难过，便再三叮嘱饥肠辘辘的孩子们不要把这件事说出去。父亲舍己为人的精神，深深地印在了小林则徐的心中。正是因为有父亲做榜样，林则徐从小就树立了扶弱济贫的仁爱思想。后来，在鸦片战争时期，林则徐因虎门销烟、奋力抗英而闻名中外，成为一代名臣和民族英雄，为后人所称颂。

我们反推一下，如果当初林父为自己家多考虑一点儿，为自己多考虑一点儿，相信他就不会有如此行为，更不可能培养出后来深明大义的林则徐。

所以，当父母为孩子做出示范和榜样时，孩子也会从中体会到奉献的快乐，长大后也一定会成为一个有爱心、乐于帮助他人的人。

02

父母的言行在很大程度上影响着孩子，培养孩子爱心的最佳方式就是父母富有爱心并言传身教。孩子会通过模仿父母的言行来获得一种安全感，随着时间变化再将这种模式逐渐转化为自己的性格。

父母除了言传身教之外，还要教会孩子设身处地地为他人着想。比如在下雨天碰上没伞的路人，可以跟孩子说："孩子，你看他的衣服都被淋湿了，我们有两把伞，送给他一把，我们两个用一把伞，怎么样？"

一开始或许孩子还有点儿不好意思，有些犹豫，或者胆怯，不要紧，把伞递给孩子，鼓励他送过去，他收获的将不仅仅是路人对他的感谢，更重要的是他内心的满足，因为他可以帮到别人了。

在上下班高峰期的公共汽车上，看到抱着孩子的人，可以对孩子说："你看，阿姨又要抱小弟弟又要抓扶手，多累呀，我们给阿姨让个座儿吧。"

邻居老奶奶生病，亲人不在身边的时候，可以对孩子说："孩子，隔壁老奶奶生病了，没有人照顾，我们去看望一下她，问问她有什么需要我们做的，好不好？"

路上看到小朋友摔倒了，对孩子说："想想你摔倒时是不是很疼？小朋友现在一定很难受，快去扶他起来，看看他有没有受伤。"

看到新闻里报道某地发生灾情，可以对孩子说："灾区的小朋友生活困难，忍饥挨饿，如果你也在那里，会有多难受？我们给灾区的小朋友捐点儿衣服和食品吧！"

当孩子为其他小朋友捐献物品的时候，他能够从这些事情上看到自己的价值，可以帮助他人。孩子应该在父母的引导下，多体会别人的感受，并学会理解他人，从不同角度看问题，从而传递自己的爱心。

只有富有爱心的父母，才能培养出富有爱心的孩子。父母关爱他人、乐于助人，孩子也会是一个富有爱心的人；父母同情别人，也会唤起孩子对他人的关心。

03

施爱与接受爱是相互的，很多父母只会一味地疼爱孩子，却忽略了为孩子提供奉献爱心的机会。若孩子只会接受爱，而没有施爱的机会，渐渐地，他们就丧失了施爱的能力，从而只知道索取，不知道付出，甚至还会觉得父母对自己的关心是理所当然的。

有些父母认为给孩子多点儿关心和疼爱，等他长大了，自然就会孝敬父母、疼爱父母。其实这是一种误解，你没有给孩子关爱他人的机会，他又怎能学会关爱他人、关爱父母呢？还有些父母误认为孩子的任务就是学习，只有学习好了，将来才会有一个好的前程，其他的都不重要。

琴琴在幼儿园学习了一首儿歌，"我的好妈妈，下班回到家，劳动了一天，多么辛苦呀！妈妈、妈妈快坐下，妈妈快坐下，请喝一杯茶，让我亲亲你吧……"

到家后她小心翼翼地为刚下班的妈妈倒了一杯茶，然后满心欢喜地抱着妈妈，想亲亲妈妈，可是妈妈把她推到一边，冷冷地说："去去去，快去写作业，谁用你倒茶。你把作业做好，少让我发火比这些强多了！"孩子只是想关爱一下辛苦的妈妈，却受到如此对待，下一次孩子还会关心妈妈吗？而哪天妈妈要是很累了，希望孩子关心一下，又会反过来埋怨孩子不懂事，那我们是不是欠孩子一个道歉呢？

作为父母，当孩子付出行动后，要以微笑的表情、赞扬的语气及时地给予表扬，而不能笼统地以一句"你真棒""你真懂事"来替代，有具体的情节表述，才能让孩子产生一种愉悦心理。及时给予鼓励，孩子就会产生不断进取的强烈愿望，逐步形成把关爱他人当作乐趣的相对稳定的健康心理。

一个有爱心的孩子，必定是懂事的孩子，将来不管面对顺境还是逆境，都能用积极乐观的心态去面对。当孩子向世界释放爱心和善意时，也会收到来自别人同等的爱心和善意。

爱心是一朵开在孩子心里的花，让我们一起悉心浇灌和滋养，然后静待花开。

敬忠言

爱心是心生喜爱、怜悯之心。奉献爱心的人大多是内心善良、情感丰富的人，他们的生活中充满了阳光和爱。生活在和谐友爱的家庭中更容易让孩子成长为一个内心丰富的人。

当然溺爱孩子就另当别论了，这样孩子会以自我为中心，容易变得自私。在孩子上小学时，家长要创造机会，让他主动承担相应的家庭责任，体会生活的艰辛，让他切身感受真实生活的点滴。

在我们开发的家规扑克中，就有学员抽到牌面写着"打扫公共楼道三层"的签，这就是用寓教于乐的方式培养孩子的爱心。我们也积极倡导日行一善。比如顺手摆正一辆共享单车，自己将来停车时就会注意了；开车途中慎用远光灯也是爱心之举。每天做些有爱的事，让爱心在人间流动，正如歌中唱的："只要人人都献出一点爱，世界将变成美好的人间。"

快乐的分享，让喜悦洒满心间

分享是美德，懂得分享的孩子人际交往能力和情商都比较高。快乐分享，才能让喜悦洒满心间，而被迫分享只会剥夺孩子自己做主的权利。

01

《孟子》说："独乐乐，不如众乐乐。"孟子见齐宣王，一问一答后，总结出一个道理：君王一个人欣赏音乐，不如和大家一起欣赏音乐更快乐。这就是分享的意义，分享可以给更多的人带来快乐。

教孩子学会分享、乐于分享要看准时机，孩子的性格各有不同，应该在什么时候启发孩子学会分享，父母需要细心观察；应该在什么状况下引导孩子分享，父母需要理解孩子的心理活动；应该用什么方法鼓励孩子分享，也需要父母的智慧巧思。

帆帆上幼儿园时就不爱与人分享，现在都上小学了，还是不怎么喜爱分享，为此妈妈非常着急，想了很多办法引导孩子学习分享。

平时在家里，妈妈会和帆帆玩儿角色扮演的游戏，引导孩子在游戏中分享各种玩具。在这个游戏中，帆帆逐渐开始分享一些小物品了。

妈妈还会邀请一些小朋友到家里，参加为帆帆举办的聚会活动，让帆帆以小主人的身份与小客人们一起玩儿，并告诉她作为小主人要与大家一起分享，在这个过程中帆帆体验到了分享的快乐。

有时，妈妈还会带帆帆去其他小朋友家。帆帆玩儿着其他小朋友分享给她的玩具时，妈妈就会告诉她："一个人不可能获得全世界所有的玩具，但是你可以通过分享玩儿更多的玩具，体验更大的快乐。你今天玩儿的玩具，咱们家没有，而小朋友也没玩儿过你的玩具，下次我们可以带着玩具和小朋友一起玩儿，好不好呀？"帆帆连忙回答："好呀！"就这样，帆帆体会到了分享的快乐，在妈妈的引导下学会了主动分享。

不论什么方法，只要能够引导孩子开始分享，享受分享的过程，那么这个方法就是有效的。父母应该通过对孩子的观察，找到适合孩子的教育方法，从而开启孩子快乐分享的大门。

父母只需适当启发，适时引导，积极鼓励，孩子一定能够形成积极分享的意识，感受分享带来的喜悦。

02

演员黄磊很受观众喜爱，而他的女儿黄多多也是个聪颖好学的孩子，不仅能照顾好自己，也能照顾他人。

在综艺节目《爸爸去哪儿》中，陆毅的女儿贝儿在跟黄多多的小狗玩耍，贝儿问黄磊可不可以把小狗带走。当时黄磊正在忙着做饭，可是仍旧平和地跟贝儿说："这只狗是多多姐姐的，你要跟多多姐姐商量。"

黄磊的做法很值得称赞。这是孩子间的事情，就应该让孩子们去协商。这样既对贝儿这个"小客人"有了交代，又尊重了自家孩子的权利。在引导孩子学会分享的过程中，要注意尊重和保护孩子的所有权，不能强迫孩子去分享。

有些东西在家长眼里不算什么，但是在孩子眼里这可能非常珍贵，或者寄托着孩子非常深厚的情感，鼓励孩子与他人分享时，应该尊重孩子正常的"占有欲"。

正如黄磊所说，对孩子最好的教育是爱。在这份爱里，不仅应有足够的温柔和保护，更应引导孩子独立思考、学会分享。

03

分享不仅限于好吃的、好玩儿的，还可以分享快乐的心情、好的学习方法等。当一个人的快乐被更多人分享，大家都会从中得到快乐，何乐而不为呢？

笑笑上五年级了，她的学习成绩很好，尤其是语文作文写得很棒，每次作文成绩都是优秀，备受老师表扬。有一天，临放学的时候老师告诉她，让她准备一下，在明天的班会上分享一下写作的方法。

回家的路上，笑笑想起老师给她布置的作业就有点儿为难，她不太愿意跟大家分享自己的写作方法。因为她担心大家学会她的写作方法后，作文成绩会超过她。她越想越烦躁，于是决定回家问问妈妈。

笑笑回到家后，妈妈已经把美味的饭菜摆在了餐桌上，吃饭时，笑笑就跟爸爸妈妈说起了老师布置的作业及自己的担心。

妈妈想了一会儿，对她说："你有好的方法，分享给同学们，你的同学就会获得进步，而你也能获得友谊。另外，你的分享如果能让全班同学的语文成绩得到提升，那么你们班的成绩在全校也会得到提升，这也是你为集体做出的贡献哪，老师和同学们一定会感谢你的无私奉献。"

妈妈刚说完，爸爸又补充道："分享是一件让人开心的事。你的分享，也是对自己的学习方法进行深入思考和总结的好机会。你总结得好，才能分享得更好，说不定你在这个分享的过程中，还会有新的发现。这对你来说也是一个进步的机会。另外，老师让班上数学好的同学分享学习数学的方法，你不是也受到启发，在数学上取得了明显的进步嘛！所以说大家有好方法互相分享，交流经验，在学习上你追我赶，这才是一个班级应有的学习氛围。"

笑笑听完爸爸妈妈的话，深刻地明白了分享的意义。吃完饭就回到房间，开始想明天的分享应该怎么做，甚至还写了大纲，整理了分享稿。

第二天笑笑的分享很成功，很多同学都深受启发，在她分享完之后，有几个同学也对她的分享发表了自己的见解，笑笑从中收获良多。

父母应该适当启发，适时引导，积极鼓励孩子学会分享，孩子也会感受到分享带来的快乐。

印度古谚语"赠人玫瑰，手留余香"，说出了分享的真谛。分享是一种美德，是内心的富足，是强大的自信，是博大的胸怀。分享一种思想，获得一种思想，分享一种快乐，享受一份快乐，正如唐代大诗人白居易所说，"乐人之乐，人亦乐其乐；忧人之忧，人亦忧其忧"。

我们在教育孩子学会分享前，首先要确定他自己是否拥有分享的能力。例如三岁左右的孩子，从儿童心理发展角度而言，这个年龄的孩子正处于自我意识和物权意识建立的敏感期，不适合分享。对于不爱分享的孩子，也不要贴标签，认为他没有爱心，进而加以埋怨和指责。家长可以先让他体验分享带来的快乐，比如可以先尝试以"物物交换"的方式来引导他。如果能够学会分享，他可以得到更多的奖励。当然前提是首先尊重孩子的选择。

分享经济已经成为社会发展的一种潮流，共享单车、共享雨伞、共享充电宝等，都包含着分享的意义。不要把自己局限于狭隘的空间，要用博大的胸怀来迎接美好的未来。

赠人玫瑰，手留余香

乐于助人不仅是一种为人所称颂的美德，其中还蕴含着一个人豁达的心态，体现了一个人根植于内心的修养，是一种与人为善的智慧。

"赠人玫瑰，手留余香"的意思是，我们在帮助别人的同时自己也会感到快乐。"爱人者，人必爱之"，当别人遇到困难时，你伸出双手帮助他，当你有困难时，也能得到他人的帮助。

01

任何一种优秀品质的形成都离不开家庭氛围的熏陶，所以家长想要教孩子帮助别人，首先自己要身体力行，乐于助人。

江小飞是个乐于助人的好孩子，也是小区里的"小名人"，每次看到有人遇到困难，他总会上前询问："需要帮忙吗？"

邻居们都知道小江这孩子之所以如此乐于助人，正是因为他的爸爸江南就是一个热心肠的人。小江小时候，爸爸带他在小区里玩耍，遇到有人需要帮助，爸爸总会上前问一句："需要帮忙吗？"时间久了，这句话也成了小江的口头禅。

乐于助人的父母，总是会想别人之所想，急别人之所急，在别人有困难的时候及时给予帮助。孩子生活在这样的家庭中，长期受这样良好的家庭环境影响，自然会向父母学习，主动去帮助需要帮助的人，做力所能及的事。这就是良好家教的表现，更是和睦家庭与和善家风的体现。

02

帮助别人是优秀的品质，也是人际交往中的一把万能钥匙，一次小小的出手相助足以让陌生人变成好朋友。

晶晶的学习成绩很好，就读于四川一所不错的小学，每次考试她都是班里前三名，但是由于父母工作调动，她不得不转学到成都的一所学校。到了新学校之后，面对陌生的同学、严厉的老师，晶晶常常感到不知所措，转学带来的人际关系的波动，引起她情绪的波动，她对于学习也慢慢感到力不从心。在新学校的第一次考试中，她一下就跌到了全班第 12 名，还因为上课时注意力不集中被老师批评了几次。这让晶晶心里很难受，压力也越来越大，晚上也睡不好，时常在被窝里偷偷儿地哭。

然而，后来的一件事，彻底改变了晶晶的境遇。一天放学回家的路上，班上一位同学不慎扭伤了脚，恰巧晶晶路过，便立刻跑过去扶那位同学站起来，并主动要求送她回家。上了公交车，她又是帮同学寻找座位，又是帮同学背书包，还不时很关切地问候。

经过这件事后，晶晶乐于助人的事迹在同学中传开了。同学们都开始主动与她接近，玩儿游戏的时候，大家也都很热情地邀请她参加，还耐心地教她，慢慢地她融入了这个集体，不再感到孤单，学习成绩也提了上来。晶晶爱上了这所学校。

在人生的道路上，搬开别人脚下的绊脚石，有时恰恰是为自己铺路。正所谓"投之以桃，报之以李"，一双热情的手，可以让互不相识的人从陌生变得熟悉。帮助他人，不仅能受人尊重，自己也会更加快乐。

03

帮助他人的同时还要保护自己。

乐于助人是一个人的美好品质，每位父母都希望自己的孩子成长为一个善良友爱的人。但是，也有因为帮助他人而自己受到伤害的事件发生。所以，我们在教孩子帮助他人时，也要教孩子懂得量力而行。

生活中，有极少数的不法之徒利用孩子的善良和爱心做一些犯罪的事，这需要家长提前给孩子普及，预防伤害发生。告诉孩子要学会保护自己，"害人之心不可有，防人之心不可无"。平时多告诉孩子一定要记住并会使用报警电话 110，火警电话 119，急救电话 120 等，以防万一。

敬忠言

《易传》中讲"积善之家，必有余庆，积不善之家，必有会殃"。正如上文江小飞的爸爸江南，古道热肠，乐于助人，邻里关系和睦，在这样友善的家庭里长大的江小飞，是不是深受感染呢？他把"需要帮忙吗"当作口头禅，就多了很多尝试的机会，多了很多成长的机会。

如果说乐于助人是一种行为习惯，那么助人为乐就是一种不求他人回报，只求自己快乐的大智慧。我们在帮助他人的过程中会发现自己的不足，从而不断学习，提升自己，帮助更多的人。

帮助他人，一定要注意下面几点：

1. 可以给陌生人指路，但尽量不要带路；

2. 给予他人帮助前，先衡量自己的能力，不要盲目助人；

3. 不要为了帮助陌生人，就跟他去陌生、偏僻的地方；

4. 不要帮助成年人，正常情况下，成年人是不会找孩子帮忙的。

理解不是品质，而是一种能力

　　每一个在墙上画画儿的孩子，一定没有理解母亲的劳累；每一个因争抢玩具而打架吵闹的孩子，一定没有理解对方的心愿；每一个乱扔垃圾的孩子，一定没有理解清洁工的艰辛。有些家长可能认为，孩子还小，那是天性，其实不然。理解他人、换位思考是情商高的重要表现。

　　理解他人，才能感受别人的难处，才能学会关怀；理解他人，才能体谅别人的不易，才能学会宽容；理解他人，才能明白别人的苦衷，才能学会大度。生命是一种回声，"爱出者爱返，福往者福来"，能理解他人的人，更容易得到他人的理解。

01

　　理解他人是一种能力，需要学习和培养。父母理解孩子，然后孩子才能学会理解父母，再理解他人。比如发生一件事情，大人用行动或语言让孩子感受到被理解，那么孩子在以后类似的事件中，才能更好地理解别人。

　　亮亮的堂哥比他大五岁，从来不懂得让着亮亮。堂哥的零食、玩具亮亮一律不许碰，可亮亮偏偏就喜欢他的东西，所以他们在一起时经常吵架、打闹。每次亮亮被堂哥弄哭就会去找妈妈，妈妈通常不会急于教亮亮不要随便动别人的东西，也不会强制要求堂哥让着亮亮，只是把亮亮拉到没人的地方安慰他。"哥哥又说你了，是吧？刚才他嗓门儿挺大的，吓着你了吧？我也吓了一跳。"

等亮亮心情平静了或睡觉前，妈妈会跟亮亮慢条斯理地聊起这事儿："那东西是哥哥的，他有权维护自己的东西，只是他表达的方式有点儿吓人，你有什么需要可以先来跟妈妈说，看妈妈能不能帮你想到什么办法。"

慢慢地亮亮找到了跟堂哥融洽相处的方式。后来亮亮自己当了哥哥，他很爱护妹妹，懂得分享自己的玩具。

只有父母理解孩子的感受，然后和孩子一起探讨，孩子才能充分体会到被理解、被尊重，孩子才能够学会理解他人的情绪和感受。

02

我们经常会听到一些父母抱怨：孩子不尊重家长的劳动成果，对家长的关心和操劳没有感激之情，还动不动就大发脾气，一点儿都不懂事。

晓玲上三年级了，她有一个爱抱怨、爱挑剔的坏毛病。她经常抱怨妈妈做的饭不好吃，抱怨鞋子没有洗干净等，有时候妈妈解释两句，她还会发脾气。妈妈觉得自己尽了最大的努力，为什么孩子不理解呢？

妈妈看了很多育儿书后，找到了一个好办法。一次考试后，晓玲的成绩像平时一样，前十名，但不是第一名，妈妈觉得是时候教育一下她了。于是妈妈学着晓玲平时挑剔的语气，不停地抱怨晓玲没有考第一名。晓玲没想到妈妈会这样说她，一时没反应过来，愣了一会儿就委屈地哭了起来。她一边哭一边说："我平时已经很努力了，妈妈你为什么这样啊……"

妈妈没有回答，等晓玲平静下来，才拉着她的手走进房间，母女俩坐在床上聊起天儿来。

妈妈首先表达了对玲玲的理解，她说："你觉得你已经很努力了，妈妈再这样发脾气，是对你要求太高了，对不对？"晓玲没说话，只是点头。

妈妈终于说出了藏在心里很久的话："你觉得妈妈对你要求太高了，你很委屈，可是你在抱怨时，有想过妈妈的感受吗？"

晓玲愣住了，她从来没想过这些。妈妈做饭的时候有多辛苦？她抱怨饭菜不好吃的时候妈妈有什么感受？她发脾气的时候妈妈有什么感受？她默默地低下了头。

其实，孩子不懂事只是"果"，而"因"是父母没有教会孩子理解他人。理解他人是一种能力，孩子学会换位思考，不仅可以清楚地认识自己和他人的差别，还能理解他人的处境，明白他人的立场。

敬忠言

"将心比心"说的是要换位思考，理解他人。理解他人，就要在日常点滴中体会他人的难处和不易。理解他人需要豁达的心胸，在被冒犯时不被激怒，平和面对。

很多向我们寻求帮助的家长时常埋怨孩子喜欢抱怨，家长是否反思过，为何孩子喜欢抱怨呢？是不是家长平时对孩子的要求比较高，一旦孩子没有按我们的要求去做就会埋怨和指责他？长期处于这样的家庭环境中，孩子自然也会变成一个喜欢抱怨的人。

最好的解决方式是换位思考，比如换位换岗、小鬼当家、角色互换等，让对方身处其中，有切身感受，这样大家才会形成统一战线，矛盾也就自然缓解。

第五章

不要做情绪的奴隶

引发你情绪的不是事情本身，而是你对事情的看法。

喜怒悲欢都该由你自己决定，不要做情绪的奴隶。

认识身体里的"情绪怪兽"

每个人的身体里都住着一只怪兽，它的名字叫"情绪"。当它作怪时，我们会觉得心中有一团怒火，而有时会觉得有一种形容不出来的莫名感觉。这都是情绪在"捣鬼"，只有我们正确认识、合理排解才能驾驭它，不至于让自己出现情绪失控的状态。

01

情绪是一种内在力量，直接影响着孩子的学习和认知。作为父母，在对孩子进行情绪管理教育的过程中，首先要教孩子认识并接纳自己的情绪。

动画电影《头脑特工队》，讲述了情绪对于一个人成长的重要性。影片中，小主人公莱莉出生时，她的大脑中心住着快乐、恐惧、厌恶、悲伤和愤怒五个"情绪小人"，它们分别叫乐乐、怕怕、厌厌、忧忧和怒怒。这也说明情绪是人的自然属性，作为父母，不能强行要求孩子驱逐某种情绪。

每一种情绪都有它存在的价值，越是被压抑，就越容易以意想不到的方式爆发出来。就像影片中的乐乐想要让莱莉始终保持快乐，一味控制忧忧，甚至给忧忧画一个圆圈儿不让它出来，反而引发了后面的一系列事故。

在莱莉对父母和新家感到失望并决定离家出走的时候，忧忧发挥了作用，关闭了莱莉决定离家出走的那盏灯，让莱莉重回父母的身边。忧伤的情绪可以提示我们正在失去的，从而唤醒我们内心的不舍。

挑剔而高傲的厌厌代表人的负面情绪。厌恶的对立面就是喜欢，喜欢和厌恶可以帮助孩子了解自己，厌恶也可以使人维持自己的标准，阻止我们做让自己厌恶的事情，遵守自己为人处事的标准。

怕怕则会提醒孩子有什么东西可能会带来伤害，让孩子提高警惕，避开那些可能存在的危险，从而保证自己的安全。

怒怒看似暴躁，实则充满了能量，影片最后，正是依靠怒怒的强大力量，乐乐和忧忧才回到指挥部。

人的所有情绪各司其职，分工明确，缺一不可。影片中也正是由于情绪精灵们最后的合作，莱莉才有了丰富多彩的彩色记忆球，预示着莱莉的情绪管理能力进入了新的阶段。

02

孩子在成长的过程中，有时不能正确识别自己的情绪，更不擅长说出自己的情绪。我们作为父母，总会无意识压制孩子不好的情绪。比如，我们不喜欢孩子哭泣，会斥责他们"不准哭！"；我们不喜欢孩子闹腾，会训斥他们"不要乱发脾气！"。我们较少会正面引导孩子适当表达自己的情绪。情绪本身并没有对错，但是表达情绪的方式是分对错的，作为父母，我们应该教会孩子正确表达自己的情绪。

　　海阳本来是个活泼外向的孩子，可是自从有了弟弟，妈妈好像变了，总是训他。海阳便不那么爱说话了，妈妈开始还觉得是孩子懂事了，可后来发现海阳不管开心或者不开心，都不愿跟别人分享，在学校受了委屈，和同学闹了矛盾，考试成绩不理想，回家都只字不提。

　　后来海阳妈妈开始想办法改变这种情况，她每天抽出半小时跟海阳聊天谈心，了解海阳的情绪，尽量把海阳引向生活中美好的一面。起初，海阳很抵触，不肯表达自己内心的想法，后来看到妈妈的坚持和真诚，他才重新敞开心扉。

　　海阳长时间封闭自己的内心，很多时候不会清晰地描述自己的情绪，妈妈就采用对答的方式来帮助海阳。海阳向妈妈描述了自己被欺负的事情，妈妈说："爸爸妈妈没有及时发现你所经历的痛苦，没有给你安慰，所以你一定觉得委屈了，"妈妈接着说，"难过、悲伤、忧虑，它们只是我们情绪的一部分，也是正常的反应。"于是妈妈开始教海阳如何去解决问题，如何向老师求助。

　　情绪表达方式有对错之分，父母或老师在批评孩子错误的表达方式时，有时连带着也批判了孩子的某些情绪，让孩子误以为人是不应该有负面情绪的。

　　长此以往，孩子再出现负面情绪就不敢表现出来。表面上看孩子似乎没有负面情绪，实际会给孩子造成难以抹去的伤害和痛苦。所以家长要教会孩子接纳自己的情绪，更要教会孩子正确表达情绪的方法。

03

　　生活中，孩子难免会产生一些负面情绪，如果不能很好地管理，孩子就有可能做出伤害自己或别人的事情，所以引导孩子控制负面情绪，正确疏解负面情绪也是很有必要的。

寒假到了，浩博的表弟球球从外地来到浩博家玩儿。浩博和表弟在一起，有时很开心，有时也会起争执，但是作为独生子，浩博还是很开心，因为自己多了一个玩伴。

球球生日这天，一大早浩博就不开心，到晚上更是号啕大哭。原来，浩博妈妈知道这天是球球的生日，所以早早就订了一个漂亮的蛋糕，还买了一盒乐高玩具作为礼物送给球球。她更是从一大早开始，就在为球球的生日宴会忙碌，都没来得及给浩博播放早安音乐，中午浩博因为不开心没好好儿吃饭，妈妈也没有注意到。

浩博的外公、外婆、舅舅等好多亲戚也来给球球过生日，每个人都给球球带来了精美的礼物。浩博虽然也收到了几件礼物，但是比球球的差远了。

晚上浩博要睡觉了，妈妈还在教球球玩儿乐高玩具，没像平时那样来给浩博讲晚安故事。浩博在床上翻来覆去睡不着，委屈得大哭起来。

妈妈赶紧来问："怎么了，为什么哭得这么伤心？"浩博的哭声更大了，他说："妈妈，我再也不想让球球来我们家玩儿了。"

妈妈忽然明白了浩博的心思，她温柔地抱住浩博说："妈妈明白，你看到球球得到了那么多礼物，而你却没有得到，所以你觉得很伤心。这叫嫉妒，你知道吗？"

"嗯，我今天一整天都在嫉妒！"浩博说完，便一头扎进妈妈的怀里。

妈妈摸着浩博的头说："妈妈永远最爱你！因为球球难得来我们家做客，我们对客人当然要热情一些。妈妈今天太忙了，都没有顾上你，妈妈向你道歉，请你原谅妈妈吧。"

浩博紧紧抱着妈妈，他的情绪和缓了很多。妈妈看他情绪缓和了些，话锋一转说道："嫉妒会让人不开心，所以你要学会安慰自己。你想想你过生日的时候，大家也会送给你礼物和祝福呀。"在妈妈的引导下浩博想起了自己过生日时开心的情景，也慢慢放下了嫉妒心，给了妈妈一个晚安吻，安心地躺下睡了。

负面情绪不可避免，但却可以控制和疏解。当孩子情绪低落的时候，要用恰当的方式引导孩子说出自己的不良感受，引导孩子接受并学会处理自己的不良情绪。比如，孩子对即将到来的考试感到害怕，父母可以告诉孩子考试只是对一个学习阶段的总结和检验；孩子嫉妒同学的成绩比自己好时，父母可以让孩子观察同学为什么学得更好，并陪同孩子一起查漏补缺，争取下次考试将成绩提上来；孩子因为伙伴离开而感到孤独时，父母可以引导孩子以常打电话、尝试写信等方式去维持之前的友谊并结交新的好朋友。

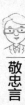

敬忠言

家长要从多角度去了解情绪，教孩子学会管理情绪。很多时候"喜怒哀乐"只会产生 10% 的情绪，如果不加以控制的话，就有可能引发后续的 90% 的情绪。比如，朋友组建了一个微信群，忽然把你删除了，你很生气，找朋友去理论，最后导致关系恶化。生气是那 10% 的情绪，由于生气引发恼怒、羞愧、怀疑就是那 90% 的情绪。

疏解情绪的方法，深呼吸5分钟，做其他事情，问自己"这件事3年后对我影响大吗？"，若不大，就先忙其他重要的事情，最后你会发现，很多事情并不那么重要。

你的情绪影响着孩子的情商

每个人都有自己的情绪，无论是紧张、淡定、愤怒、喜悦或者悲伤。父母是什么样子，孩子将来就会是什么样子。父母在孩子面前要学会控制自己的情绪，因为父母的情绪影响着孩子的情商。

01

在陪伴孩子成长的过程中，父母难免会因为一些小事而大发雷霆，往往还会说"我这也是为了你好"。可是，孩子当下的幸福就不重要了吗？所以，不要要求孩子立马改正错误，不要逼迫孩子马上成长为你想要的样子，要像"牵着蜗牛去散步"一样，慢慢来，这样孩子才会有他自己的人生。

宇晨上五年级时，就拥有了属于自己的手机。自从有了手机，他每天放学回家，都要先玩儿一会儿游戏，然后才开始写作业。妈妈对他这个习惯非常不满，于是和他约定，回家后先写作业，写完之后可以适当玩儿会儿手机。

自那之后，妈妈就在监督他写作业。有一次，宇晨没遵守约定，妈妈竟然大发雷霆，冲他大吼："你为什么还没开始写作业？"妈妈很生气，宇晨也觉得很委屈很不开心。

过后，妈妈也意识到了自己的问题。培养孩子养成好习惯固然重要，但是也不能过于着急。宇晨妈妈调整心态后，便不再盯着宇晨写作业了。虽然宇晨有时候还是会看手机，但是并没有影响作业质量和学习成绩。

孩子有孩子的思想，父母不要过多干预。当孩子没有按照父母的想法去做，或没有达到父母的预期时，父母需要控制自己的情绪，不要将坏情绪传递给孩子。

02

情绪管理能力可以反映一个人的情商水平。懂得控制情绪的父母教出来的孩子，往往是情商高的孩子。不善于管理情绪的父母教出来的孩子，往往人际关系糟糕，同时自我认同感也会比较低。

娜依本来是个活泼可爱的小姑娘，可是她上二年级的时候，爸爸妈妈转做外贸工作，变得非常忙碌。娜依爸爸妈妈虽然也很内疚不能好好儿陪伴孩子，可是想着是为了给孩子创造更好的生活条件，也就释然了。

有一次，妈妈下班回到家已经晚上十点半了。娜依没有睡觉，她拿着一本故事书在等妈妈，希望妈妈能为她读晚安故事。妈妈其实很了解孩子的心情，于是耐心地为娜依读起来。读完一个故事，妈妈让她睡觉，可是娜依还不满足，闹着让妈妈读第二个。妈妈坚决不读，娜依哭起来，妈妈就压不住火了："你就不能懂事一点儿吗？我天天上班已经很累了，你就不能自己看会儿故事书睡觉吗？"最后妈妈已经不知道自己在说什么了，只是发泄着近几天的烦躁情绪。

等妈妈回过神儿来，娜依早已不哭了，只是呆呆地看着妈妈。妈妈也觉得自己失态了，可是当时又拉不下脸向孩子道歉。此后，娜依好像变了个人，不再依恋妈妈，她好像忽然长大了，每天都非常听话，自己照顾自己，学习成绩也没有落下。看孩子这么"懂事"，爸爸妈妈就更放心了，一心忙于工作，没想到就此埋下了隐患。娜依性格变得有些要强，遇事很少开口找人帮忙。在同学眼里，她也被认为不太好相处，所以她的朋友也很少。

表面看，娜依是独立、懂事了，可是实际上她很渴望得到父母的关爱。她还小，没有足够的分辨能力，把父母在气头上的话当真了。所以父母在孩子面前，要控制自己的情绪，小心呵护孩子，让孩子健康成长。

哈佛大学心理学博士、"情商之父"戈尔曼说："情商比智商更重要。"情商可以从情绪管控、情感经营、情怀塑造三个角度进行诠释。

情绪管控包含了解、认识自我的情绪，审视自己内心，合理表达情绪。

情感经营主要是识别外部情绪，处理好人际关系。

情怀塑造主要是从励志角度激发内驱力，完成自我激励，使自己成为一个具有健全人格、能实现人生价值、能为社会做出贡献的人。

拥有控制情绪的能力

　　每个人都有情绪，但并不是每个人都会控制情绪。因为每个人人生经历和成长环境不一样，情绪的强度和稳定性不一样，导致情绪化表现也不一样。情绪可以让我们"七十二变"，要么你主宰它，要么你被它驾驭。所以，有情绪是本能，控制情绪是本事。学会控制情绪是高情商、心智成熟的表现，也是重要的自控能力。

01

　　情绪是每个人天生自带的，它变化的背后，有两种不同的力量，一种是正面的，一种是负面的。在这两种力量的推动下，我们会变成两类人，一类是镇定，能够"泰山崩于前而面不改色"，另一类是疯狂，有些患有双相情感障碍的人表现得更加明显。

　　有一则"女子大闹西单商场，打砸化妆品店"的视频一度传遍网络。从视频中看，这位女士坐在专柜旁，一边抹眼泪，一边拿试用的口红在桌面上画画，遭到售货员的制止后，忽然发起怒来，将柜台上的口红、唇油、粉底等化妆品统统扔到地上，最后被急忙赶来的工作人员制服。

这位女子遭到网民的抨击，作为一名成年人，无论受到什么委屈都应该控制好情绪，不该在公共场所大哭大闹，更何况本身做的就是错事。一些以自我为中心的人，总是过分放纵自己的情绪，不让自己受委屈，因没有收拾残局的能力，最后撒泼打滚，无理取闹，让人笑话。公共场所毕竟不是自己家，哭闹不会赢来同情，反而会让自己被坏情绪牵着走。

这个案例也让我们深刻反思家庭教育。控制情绪是一项技能，如果父母因为疼爱孩子而娇惯纵容，长远来看是害了孩子。孩子总会长大，总有独自外出闯荡、独自面对社会的时候，所以父母应该重视情绪教育，引导孩子学会正确地控制情绪，这样孩子长大后才能成为一个情绪稳定的人。

02

孩子总是喜欢以自我为中心，有时候不分场合，以发脾气、哭闹等来表达不满。作为父母，应当教育孩子在公共场合学会控制自己的情绪。

节日期间，家人聚会，大家都很开心。饭后家庭教育指导师周博珺，送给亲戚的小朋友鑫鑫一套家规 72 小时扑克，提议大家一起打扑克，做家规小游戏。鑫鑫接过扑克，迫不及待地想要打开看看。

鑫鑫的爷爷一听到"家规"二字，在不知情的情况下以为是名人家规，便随口说："家规哟，你要每天背两条。"

鑫鑫的二伯也接着说："这是知识，要好好儿学习一下。"

鑫鑫原本情绪很高涨，一听到爷爷和二伯的话，一下子泄气，噘起嘴，把扑克丢到一边，赌气地说："不要了，不要了，我才不要呢！"

妈妈说："好好儿拿着，回家玩儿，别弄坏了。"

鑫鑫高声叫道："我不要了，我丢垃圾桶里去！"

这一嗓子把在座的长辈都吓到了，大家面面相觑，原本是很开心的一件事，被鑫鑫一闹，气氛瞬间变得很尴尬。鑫鑫已经上三年级了，就是因为爷爷让他背书，他才不顾场合地把平时学习上的情绪都宣泄出来。

奶奶说："好了，好了，没事了鑫鑫。"

爸爸赶忙说："这是周阿姨送给你的礼物，你要好好儿收下，怎么不知道感谢周阿姨呢？"

为了缓解气氛，周博珺老师连忙说道："鑫鑫，阿姨知道你是一个懂礼貌的好孩子。阿姨这个家规扑克非常好玩儿，你在家可以和爸爸妈妈、爷爷奶奶一起玩儿，在玩儿的过程中还可以向爸爸妈妈提一些要求，来满足自己的小愿望哦！"

听了这话，鑫鑫才认真地打开，抽出牌仔细看。原来真是游戏，每一张都有不同的内容，他就提议大家一起玩儿。

鑫鑫和家人玩儿得很开心，并向周阿姨表示了感谢。

在聚会的时候，很多家长都会说起孩子学习的话题，而孩子不是很愿意提及，特别是成绩不太好的孩子会表现出不满的情绪。如果不注意，势必会造成尴尬。家长可以和孩子约定，孩子不愿详细回答的问题，可以礼貌性回答，但不能带着坏情绪，更不能发火，或无故走开。

长辈不要当着很多人的面给孩子下达学习任务，让孩子产生抵触情绪。如果家长觉得这个学习任务很有必要，可以私下和孩子沟通一下。

家长需要教会孩子如何在社交场合交谈。例如当别人送礼物时应该表示感谢。如果不喜欢的话也要先收下，事后再和父母说明原因。

敬忠言

"能控制好情绪的人，比能拿下一座城池的将军更伟大。"法兰西帝国皇帝拿破仑这样高度评价可以管控情绪的人。在家庭生活中，家长一定要控制好情绪，不要因坏情绪而责骂孩子。孩子是家长的一面镜子，家长如何教养孩子，孩子在外面的言行如何，都会反映出家庭教育的情况。特别是有卓正家风传承的家庭，氛围更温馨、融洽。家人越懂得"仁义礼智信，温良恭俭让"，孩子就越懂得如何平和地管控情绪。

控制情绪并不是说要去压抑情绪，而是要学会去合理表达和发泄。中医讲情绪对五脏的影响，如怒伤肝，恐伤肾。其实运动可以很好地缓解情绪压力，家长可以带着孩子进行一些锻炼，如登山、练习武术、打太极拳等，既可强身健体，又能保持心情愉快。

当别人情绪不好的时候

当我们难以理解别人心情和感受的时候，可能是因为我们习惯按照自己的思维方式来进行推论，成人如此，孩子亦如此。当别人情绪不好的时候，我们该怎么办呢？

01

有些人对别人的喜怒哀乐非常敏感，也非常容易受到影响。尤其是当自己情绪不稳定时，他们极容易放大坏情绪，误解别人。

梦烨是一个非常聪明的孩子，尤其是在数学方面，从小就表现出异于常人的天赋。梦烨也是一个非常敏感的孩子，这一次尤其特殊，他拿了全国数学竞赛的奖项。当他载誉归来走进教室的时候，虽然全班掌声雷动，可他感觉有的人目光有点儿不一样。

其实，这些都是他自己的想象。他怀着一种想要一枝独秀、压倒众人的渴望，并为此付出了很多艰辛与努力，最终，他获得了成功，却也和同学有了距离感，错误地感觉别人对他充满嫉妒。

孩子聪明勤奋是好事，但是帮助孩子健康成长也非常重要。正确理解他人的情绪，不为别人的情绪所累，也就是搬开了成功路上的绊脚石，这在家庭教育中是不能忽视的。

02

孩子有安全感，就有能力分辨社交过程中极其细微的线索，若有正确的引导，孩子就会觉察自己的情绪变化，进而了解别人的情绪、反应和动机，有一个和谐的人际关系。

12 岁的惠玉正值敏感的青春期，前段时间她无意间听到两个同学在背后议论自己。后来只要有同学背着她说话，她就觉得是在说她，再后来大家只要看她一眼她就觉得大家在嘲笑自己，最后她只要听到声音就觉得是有人在说她坏话。表面上她还跟原来一样，可是没有人知道她内心的痛苦。

如果惠玉不能得到正确的引导，这种焦虑会伴随她一生。幸好惠玉学校的心理老师在一次例行访谈中发现了她的问题，而后对惠玉进行了心理疏导。老师告诉惠玉，不要根据自己的想象来确定对方的想法。然后，她又教给了惠玉一系列正确感知别人情绪的方法，例如眼睛是心灵的窗户，人的一切情绪的变化都可以通过眼睛表达出来，所以老师教惠玉通过眼神的交流看到别人内心的真实想法。相对于眼神，表情是人内心状态的晴雨表，老师告诉惠玉，可以通过观察别人表情的变化来辨别别人的心情和态度，例如开心的笑脸对应的就是友善。还有，人的姿势和动作也可以表达出人的情绪和心理状态，例如一个手舞足蹈的人内心肯定是高兴的，一个人双手一摊就表示无可奈何。另外，语气和语调也可以表达说话者的情绪。

在经过多次的引导和训练后，惠玉终于可以正确识别别人的情绪，不再感觉所有人都对她有恶意了。

感知他人的情绪是情绪智力的重要组成部分，正确感知别人的情绪是和谐人际关系的开始。

敬忠言

"察言观色"出自《论语·颜渊》，指通过语言、行动、神态去了解他人的情绪。

有些孩子钝感力十足，大大咧咧，还乐天派，做事比人慢半拍，容易被贴上"情商低"的标签。但从《钝感力》这本书来看，这类人可能更易成功。他们会从他人的言行举止中观察，通过反应慢这个时间差，将无效信息过滤，将有效信息进行加工提高效率。

相比敏感，我更希望孩子多些钝感，在生活中不要太情绪化，不要太快做出判断，而要冷静下来思考。

做自己情绪的主人

情绪是对环境的一种反应，是内心感受经由身体表现出来的一种状态。人都会有情绪，若不懂得适时疏导，轻则败坏情志，重则没完没了，影响身心健康。烦躁、压抑、埋怨等情绪会不同程度地影响人们的学习、工作、生活。只有了解它们，才能管理它们，控制它们。从现在开始，我们要学会读懂情绪，做自己情绪的主人。

01

大道理人人都懂，小情绪却难以自控。过去我们视情绪如洪水猛兽，要么躲避要么压制；现在我们知道，情绪是生命的一部分。但面对孩子多变的情绪，父母依然有不知所措的时刻。帮助孩子学会正确管理自己的情绪，父母要身体力行，管理好自己的情绪。

万泽上三年级了，是个性格内向的孩子，平时成绩不错，每次考试基本都是班上前十名。可自从上次测试因迟到没做完考题后，他就有了"考试焦虑症"，开始恐惧考试，身体也有了一些反应。例如期中考试前几天他就睡不好。考场上他有些紧张，很多平时觉得很简单的题目都没做出来，成绩自然不理想。

爸爸拿到成绩单，虽然有些生气，却温和地对万泽说："孩子，这次的成绩跟之前差这么多，你自己有什么想法？"万泽低着头，等着爸爸批评，但没想到爸爸竟然这样温和，于是跟爸爸说了自己的状况。爸爸说："其实你自己也知道，一次迟到不会影响你之后的考试，只不过是你心里害怕了。这种恐惧像一个小妖怪，住进了你的内心，我们一起想办法把这个小妖怪赶跑。"

后来的几次考试，爸爸都会提前和万泽在家一起玩儿捉拿小妖怪的游戏。爸爸装扮成小妖怪，万泽打扮成孙悟空，再由孙悟空捉拿小妖怪。通过一段时间的看似荒诞的亲子小游戏互动，万泽战胜了考试焦虑症，变得自信起来。

在家庭教育中，尤其是孩子出现问题时，父母首先要管理好自己的情绪，了解具体情况。往往这种不能管理自身情绪的家长，本身就修养不够、情商不高。

02

帮助孩子学习情绪管理，就要引导他认识情绪、洞察情绪、表达情绪、体验情绪、管理情绪，最后学会乐观地面对生活，适当地发泄不良情绪。

向玮才上三年级眼睛就近视了，妈妈为他配了副眼镜，可是他怕同学和老师笑话，从来不敢戴。有一次语文老师的板书写得小了些，向玮实在看不清楚，不得不把眼镜拿出来戴上。这时老师恰好转过身来与他对视，那目光像在责怪他为何上课做小动作，其他同学的目光也都齐唰唰地投向他。向玮觉得老师和同学们都在嘲笑他，立马把眼镜收了起来，心乱如麻的他后半节课一句话也没听进去。

此后，他不敢抬头看老师，每次上课都低着头，与其他老师和同学也不敢对视，后来妈妈才发现这个问题。

妈妈经过观察发现，原来向玮是担心自己戴上眼镜，别人会嘲笑他，所以才害怕与人对视。此后，妈妈非常关注向玮的情绪，每次发现他情绪低落的时候，总想办法帮他缓解。有时会带他去游乐场坐过山车，让他尖叫发泄，有时带他去附近的小公园疯跑两圈，就为了能让他把所有的恐惧和沮丧都释放出来。每次回来，向玮的情绪就会好很多。

除了想办法让孩子发泄情绪，妈妈还想办法帮向玮建立自信心，她带向玮去拍亲子写真，其中有一张照片就戴着夸张的眼镜。妈妈还经常给他讲很多名人的故事，鼓励他克服生活中的困难，重拾乐观积极的态度。通过妈妈的努力，向玮开始改变了，慢慢开朗起来。

积极的情绪能够激发人的潜能，使人保持身心健康；消极的情绪容易使人意志消沉，对身心健康产生不良影响。对于小学阶段的孩子来说，对他影响最大的就是家庭关系和学校的人际关系，而家庭关系可以说是基础关系，也是首要关系。亲子关系很好的家长，在培养孩子的情绪管理能力时，往往能够事半功倍。因为在关系融洽的家庭里，家长和孩子能够相互监督，家长可以用较低的教育成本来培养情商高、理智而大气的孩子。

03

孩子有一部分时间是在学校度过的，老师能够看到孩子之间的相处方式，能够看到孩子之间发生冲突时的情绪反应，所以老师的引导是孩子情绪管理中的重要部分。

伊娜的爸爸妈妈在北京上班，她从小在北京长大。伊娜该上小学了，妈妈便把她送回了家乡的县城。伊娜特别不喜欢这个县城，觉得到处都破破烂烂，连个大游乐场都没有，在学校里总表现出一副傲气十足、不屑一顾的样子。

有一天下午，她看到同学晓兰不会跳绳，就趾高气扬地想要教晓兰，可是晓兰不喜欢她，拒绝了她。于是伊娜就大发脾气。伊娜的这种表现导致同学们对她敬而远之。

班主任于老师其实很喜欢伊娜的聪明伶俐，但也有些担忧。于老师有着多年的教学经验，她知道伊娜身上的小问题：总是以自我为中心，缺乏情绪管理能力，缺乏交往技巧。所以针对这个问题，她召开了一次班会。

在班会上，于老师教同学们运用角色转换的方式体会别人的感受，教同学们学会欣赏别人。于老师还专门给伊娜布置了"作业"，要求她每天发现三个同学的优点，写成小纸条交给她。于老师还让其他同学在讲台上表演发脾气，让每个孩子感受别人发脾气时候的沮丧和窘迫，从而让同学们学会控制自己的情绪。

班会后，每天伊娜交的"作业"，于老师都会读给同学们听："笑笑今天穿的裙子很漂亮""君君今天帮助了受伤的同学""晓兰跳绳熟练多了"等等。一开始伊娜和被表扬的同学还不好意思，过了几天大家对这个环节开始期待起来，又过了几天老师不再让伊娜交"作业"，因为她发现伊娜已经能够当面表扬同学了，老师把这个任务交给了别的比较内向的同学。

对于孩子出现的情绪管理问题或者人际交往问题，老师和家长都应该有针对性地帮助解决，用正确的方法训练孩子们掌握正确的技巧，学会正确地管理情绪，创造良好融洽的人际关系，从而健康成长。

敬忠言

社会心理学界有一个"费斯汀格法则"，意思是生活中的10%是由发生在你身上的事情组成，另外的90%则是由你对所发生的事情如何反应所决定。这90%可以理解为你对待事情或环境的情绪变化了，如果是正面的情绪，那你的生活会很美好，如果是负面情绪，那你的一天一定会很糟糕。

对一些事情保持敏感是好事，但不能因为过度敏感而引发一连串儿负面反应，出现不理智的言行。这不可取，会有损人际关系。

家长拥有良好的情绪管理能力，对孩子影响很大。只有家长善于管理情绪，亲子关系才和谐，家庭才和睦。

自我激励是一种内驱力

自我激励是每位成功者前行路上必不可少的、积极的自我心理暗示，它可以增强你的自信心和进取心，使你走向成功。

01

《激励的神话》一书中写道："强烈的自我激励是成功的先决条件。"世界上做出突出成绩的人，无不是在这种自我激励下，朝着自己的目标不断前进，最终实现自己的理想。

中国土木工程学家、桥梁专家茅以升曾主持中国铁道科学研究院工作 30 余年，为铁道科学技术的进步做出了卓越的贡献。他曾主持修建了中国人自己设计并建造的第一座现代化大型桥梁——钱塘江大桥，成为中国铁路桥梁史上的里程碑。

茅以升从小好学上进，善于思考。10 岁那年的端午节，他的家乡举行龙舟比赛，看比赛的人都站在文德桥上。但由于人太多，桥梁不堪重负而垮塌，淹死了不少人。这件事对茅以升震动很大，他暗下决心，长大了要造出最结实的桥。

从此，茅以升就对桥着了迷，他从书上看到跟桥有关的文章就做摘抄，遇到有关桥的图片就剪贴保存，出门见到桥他更是前后左右仔细观察，回家也要做记录。时间长了，光是有关桥的资料他就攒了厚厚的好几本。

后来的求学生涯中，茅以升从来没有忘记自己的造桥梦想。从交通部唐山工业专门学校（现西南交通大学）毕业后，他以优异的成绩考入美国康奈尔大学土木工程专业，攻读硕士学位，毕业后又考取了美国卡内基·梅隆大学工学的博士学位。他每一步都离自己的梦想更近了一些。

1934 年，茅以升担任浙江省钱塘江大桥工程处处长，主持设计、组织修建钱塘江大桥。可是钱塘江水势湍急、波涛汹涌，自然条件极不利于打桩，茅以升凭借平生所学，发明"水龙法"解决了难题，为钱塘江大桥的建设打下了坚实的基础。他历经各种艰难建造了这座全长 1453 米，基础深达 47.8 米的公路、铁路两用的钱塘江大桥。这是中国人自己设计和建造的第一座现代钢铁大桥，也是中国桥梁工程史上一座不朽的丰碑。

茅以升心中有远大的目标，不断地进行自我激励，并对远大目标进行分解，制订计划，朝着目标不断前进，最终实现了自己的理想。

02

笑爽今年上六年级，是个乖巧的姑娘，但她特别喜欢听好话。只要爸爸妈妈夸奖她，她不管做什么都很积极，但是如果父母没有关注她、没有夸奖她，她的积极性就会受挫。

这个学期，班里来了一位很严厉的新老师，很少表扬学生。一段时间后，笑爽因为不喜欢这位老师而产生了厌学的情绪。班主任李老师了解到笑爽的表现在班上并不是孤例，于是他考虑组织一系列班会，培养同学们的自我激励能力。

在主题为"自我激励"的班会上，李老师首先提出"帮助同学""遵守纪律""努力学习"几个关键词，让同学们投票选出最符合关键词的同学，以此激发同学们向榜样学习的积极性。然后，老师还教给同学们一些自我激励的小妙招，例如在自己没信心的时候用自己曾经的小成就来激励自己，或者在自己心情沮丧的时候用自己的偶像也曾经经历过小失败的想法来激励自己。

通过几次班会的引导，同学们都学会了进行自我激励，共中改变最大的就是笑爽，她变得自信了，不再像以前那样依赖别人了。

在孩子成长的过程中，父母的激励和鼓励仅仅起着辅助作用，孩子具备了自我激励的能力，才能获得源源不断的动力，从而不断向着目标努力。

03

学会自我激励，是一个人获得成功的必备素质。只有善于自我激励的人，才能够发挥自身的潜能，创造出神话。

智男自从看了去年的乒乓球世界锦标赛之后，总喜欢拿着球拍儿练习，妈妈认为智男可能对乒乓球有点儿兴趣，就观察了一段时间，后来发现他还真是喜欢上了乒乓球。妈妈没有着急给他报兴趣班，而是带他去兴趣班考察，要不就是看小区小朋友打球时说一句："打乒乓球的小伙子真帅！将来他们练好了，或许还能参加国际比赛，为国争光呢！"智男听了后有些不服气："我也会打乒乓球呀。"妈妈拉着他的手坚定地说："只要你喜欢，能坚持，就可以做到。"

后来妈妈经常给智男当陪练。刚开始，智男练习非常积极、认真，可练了一个月后，他感觉自己依然打得不好，便开始沮丧起来，感觉太难了，便有了想要放弃的念头。

妈妈发现智男的畏难情绪后，教他将宏大目标拆解成小目标，引导他先在球场内找同学练习，这样一来大家也可以互相鼓励，共同进步。于是智男开始跟球场内其他同学交流球技，慢慢地找回了打乒乓球的乐趣。在学校里他又虚心向体育老师求教，之后又在少年宫报了专业提高班，半年后智男的乒乓球水平稳步提高，每次比赛都能获得很好的名次，而且还获得了市小学生运动会乒乓球比赛二等奖。

追逐梦想需要付出努力。对于智男的兴趣爱好，智男妈妈表现得很智慧。她不像很多家长一样，看到孩子喜欢乒乓球就马上报班学习，而是试探他的真实意图，让孩子珍惜学习的机会，同时分解目标，及时帮助孩子缓解压力，一步步实现目标，体验坚持和成功带来的乐趣。

敬忠言

宋代大文豪苏轼说："古之立大事者，不惟有超世之才，亦必有坚忍不拔之志。"但凡成就大事者，一定有百折不挠、坚持不懈的顽强精神。没有人能够随便成功，只有历经千辛万苦才可能站在人生巅峰。这一路坎坷最需要自我激励，自我激励必须有强大的内驱力，强大的内驱力需要有远大的目标做基础。

中国的父母都"望子成龙，望女成凤"，长辈的殷切希望是孩子成长的动力，但这种动力不是孩子的内驱力。对孩子过度施压，会让孩子以读书为砝码向家长提条件。最好的方式是构建和谐的家庭环境，将实现自我人生价值与服务社会大众相融合，这样就能培养出高情商、有担当、有作为的人才。

第六章

社交中的情商艺术

一个人的社交，决定了他的人生路走得广不广；

一个人的情商，决定了他未来飞得高不高。

懂礼貌的孩子更受欢迎

懂礼貌是有教养的直接表现，脸上常挂着微笑，嘴上说"您好""打扰您一下""您看这样可以吗""谢谢""对不起""给您添麻烦了"的孩子，让人更愿意接近。懂礼貌在日常生活中是营造和谐人际关系的好帮手，礼仪教育对孩子人生及事业的发展更是不容忽视。

懂礼貌不仅能体现一个人的道德、文化水平，更能体现外在的交际能力。若想让孩子成为受欢迎的人，礼貌教育不可或缺。

01

懂礼貌的孩子，从小就会受到小朋友的欢迎、长辈的喜爱、老师的夸奖。孩子长大后，懂礼貌会内化成良好的品行和修养，成为受用一生的隐形财富。

晓晓 8 岁了，是个漂亮的小姑娘，学习成绩也很好，只是有些不懂礼貌。家里来客人，她从来不主动打招呼，别人帮助她，她也从不说"谢谢"。

有时候爸爸妈妈也想说说她，但是由于舍不得让她受一点儿委屈，又觉得孩子只要学习好就行，其他的等他长大慢慢就懂了。抱着这种想法，晓晓的爸爸妈妈一直都没有严肃认真地批评过她。

有一天，爸爸妈妈带晓晓去参加公司举办的晚宴。妈妈给晓晓穿上了漂亮的公主裙，还编了可爱的麻花辫，一家人高高兴兴地出门了。

公司领导都还没入席，晓晓就一屁股坐在正位上了；宴会上她旁若无人地喊妈妈，又要可乐又要蛋糕；每一道新菜上桌，晓晓总是第一个伸筷子去夹。服务员端上东坡肉这道菜时，由于这是她最喜欢的菜，她便不顾对面正在夹菜的人，把东坡肉转到自己面前，大快朵颐。

爸爸妈妈一边拉着晓晓让她别乱动，一边尴尬地向大家道歉，难堪得要命。

"养不教，父之过"，在公共场合，孩子没有礼貌、不懂礼仪，一定是平日家长没有教育到位。

02

有时危机即契机，当孩子表现出不礼貌的行为时，家长千万不要以年龄小等为借口一味地包庇孩子，而是要学会用正确的方法和技巧来纠正孩子的行为。年龄稍大一些的孩子，羞耻心已经形成，非常爱面子，这时候就更要注意表达方式了。生活即教育，在家庭生活中，父母以身示范，尊老爱幼，家庭氛围自然会更和谐。

综艺节目《爸爸去哪儿》中，张亮的儿子天天一开始很不懂礼貌，总爱在"村长"李锐说话时捣乱，不认真听。

张亮没有由着孩子，而是在当天晚上就与天天认真讨论白天发生的事情。为了让天天深刻地理解不礼貌行为的错误之处，他还跟孩子进行了情景模拟。

张亮让天天扮演"村长"，下达游戏任务，自己扮演天天，故意表现出不听话、耍赖皮的样子，并问天天感觉怎么样，最后张亮还做出了正面的示范。

通过对比，天天知道了自己的错误，也明白了应该怎么做，成为我们所熟知的那个"捧场王"。

孩子年龄小，各方面发育尚不成熟，也缺乏正确的是非观。这时，家长的及时教育就显得尤为重要。及时纠正孩子的不礼貌行为，不包庇，不纵容，通过换位思考让孩子有切身体验，从而改掉不懂礼貌的坏习惯。

03

讲礼仪、懂礼貌不是做表面文章，而是真心尊重他人。所以懂礼貌贵在真诚，表里如一，只有真诚才让人感觉真实，别人才更容易认可你、接受你，真心把你当作朋友。

父母都会逗孩子，欣欣的爸爸妈妈也不例外。桌上放一盘苹果，妈妈会教欣欣，让她把最大的拿给爸爸，爸爸通常会假装咬一口，然后笑着把大苹果还给欣欣。还有的时候，欣欣手里拿着一块饼干，妈妈就故意逗她说："给我吃一口吧。"等欣欣真伸出手来的时候，妈妈又说："宝贝真乖，妈妈不吃，你吃吧。"

上面这两种场景在欣欣的生活中经常发生，久而久之，欣欣觉得让就让呗，反正最后最好的还是自己的。

有一天，欣欣去奶奶家，她送给奶奶的大苹果真被奶奶吃掉了，送到姐姐面前的饼干真被咬了一口，"假让"变成了"真让"，欣欣觉得自己上当受骗了，便开始哭闹起来。

显然，欣欣爸爸妈妈的做法是不恰当的，既然要求孩子礼让他人，就一定要出自真心。父母要让孩子明白，礼让就应该是真心让，而不是虚情假意地表演。

父母都希望自己的孩子成为有修养、有人缘儿的小绅士、小淑女。只要从日常生活的点滴入手，就不难培养出讲礼仪、懂礼貌的好孩子。孩子获得讲礼貌这张人际交往的"通行证"，对以后的学习、生活和工作具有非常重要的意义。

敬忠言

❝ "礼仪三百，威仪三千"的礼法制度，成就了我国"礼仪之邦"的美誉。礼法至高处是伦理道德，至低处是法律法规，中间是礼仪规范。中国的礼文化无处不在，礼义廉耻，"礼"排首位；"四书五经""六艺"都有关于礼的详细论述，涵盖面极广。礼是规章制度，更是儒学的重要内涵。

从社会发展来看，上至为人处事，下至言谈举止，都有严格的规范准则，也正是这种礼仪规范让人们懂得基本行为准则，在日常生活中化解了很多潜在矛盾。中国人讲理，也爱讲礼，很多人说"家是讲爱的地方，不是讲理的地方"。爱是家的基础，但也需要家礼规范，否则就特别容易以爱之名忽视礼貌和礼仪，最后伤害最爱的人。

学会赞美，是一种自我修养

　　每个人都渴望得到他人的赞美，无论是六七岁的孩子，还是耄耋之年的老人，都希望得到他人的赞美。他人真诚的赞美，是对自我价值的肯定，令人心情舒畅。说话是一门艺术，一句话能把人说笑，也能把人说哭。学会赞美，是一种自我修养，更是高情商的表现。

01

　　赞美，需要真诚。在日常生活中，家长应该教会孩子发现美，发现他人的优点，并真诚地告诉他人，这样不仅能给生活带来阳光与欢乐，还可以让人变得更积极、更努力。

　　北魏太武帝拓跋焘，是"英图武略，事驾前古"的一代英主，是知人善任、赏罚分明的军事家、政治家，他在位时广泛征召、任用汉人名士，其中著名的军事谋略家崔浩就是典型。在北魏统一北方的征战中，崔浩立下过赫赫战功。

　　在庆功宴上，太武帝为表诚意，邀请崔浩上坐。崔浩虽有大才，精研经义，但一直默默无闻，如今一战成名，连太武帝都将他奉若上宾，平日那些趋炎附势之人，都前来奉承，夸他骁勇善战，能文能武，有大将之风范。崔浩听了，一一谦逊地回礼道谢，心中却毫无波澜。

这时，太武帝向群臣介绍崔浩说："你们眼前这个瘦弱的人，虽然不能弯弓持矛、御马驰骋，但却胸有奇兵、料敌如神，朕一开始，虽然也有征伐的意思，但犹豫不定。这次能克敌制胜，靠的还是崔浩出谋划策，才可凯旋！"

同样是赞美，太武帝的话却触动了崔浩的心，不仅因为这是帝王的赞誉，还因为太武帝了解他的作为，明白他的用心，并且表达了发自肺腑的感激之情。

太武帝的话让崔浩很受触动，日后他更是恭勤不怠，为北魏统一北疆、经略北方立下了不朽的功勋。

02

当你赞美别人时，也会听到别人的赞美，这种发自内心的快乐比任何说教都奏效。如果孩子总是很消极，家长就要反思了：是不是我们平时喜欢用负面语言评价他人呢？如果孩子喜欢挑他人毛病，那我们就要注意自己的言行了。

小七就是这样一个孩子，她并不骂人，但却总是用消极、负面的语言评价身边的同学、朋友。她的同桌在音乐课上唱完一首歌后，小七对她说："你唱的歌，调子都错了，真难听。"美术课上，她看同学画画儿，说："你这个颜色不对，太阳也画不圆，真丑。"见到朋友穿了很漂亮的新裙子，本来她也很喜欢，但是她会说："你的衣服一点儿都不好看。"

习惯使用这种评价方式的孩子，朋友肯定会迅速从他身边离开。

小七妈妈很苦恼，想想日常生活中自己就特别喜欢挑丈夫的毛病，餐桌上也爱说单位同事的一些糗事，没想到这些小七都看在眼里并受到影响。小七妈妈和爸爸经过商量决定，在家以玩游戏的方法来改变小七这个坏习惯。

最开始，爸爸妈妈每人每天找一个小七的优点，并真诚地赞美小七。一段时间后，妈妈要求小七每天找一个优点和进步之处赞美自己。再后来，妈妈让小七每天在学校赞美一个小朋友。小七每天从学校回来后，都会高兴地说今天她赞美了哪个同学，同学非常开心，也同样赞美小七，大家还成了好朋友。

就是用这样的办法，妈妈教会了小七发现别人的优点。这样既锻炼了小七的交际能力，又锻炼了她的胆量。她身边的好朋友越来越多，她也越来越受欢迎。

03

学会赞美很重要，学会接受他人的赞美也很重要。很多家长在别人赞美自己的孩子时，会假意谦虚客气，却伤害了孩子的自尊心。

君君特别喜欢玩儿乐高积木。有一次，妈妈的同事来家里做客。当时君君正专注地捣鼓他的汽车拼图。快要吃饭时，叔叔阿姨过来叫君君吃饭，看到了他的作品，大家都纷纷称赞：

"君君，你能开这辆汽车送阿姨回家吗？"

"君君，汽车拼得非常棒，一定花了很长时间吧？"

"君君，你想让谁坐进你的汽车里呢？"

然而，正当君君一脸得意地要回答叔叔阿姨的问话时，妈妈开口了：

"这拼的是什么呀，乱七八糟的。就知道捣鼓这些东西，作业也不做。"

霎时间，君君脸上明显挂不住了，不回答大家的问题，也不再让大家欣赏他的作品，神色黯然地走开了。也许妈妈只是谦虚一下而已，但她却忽略了君君的自尊心。

当孩子的小进步、小成果被忽略时，往往容易失去努力下去的信心。要知道，孩子还小，心智尚未成熟，需要依赖大人的评价来给自己定位。虽然父母只是谦虚而已，但孩子却信以为真，认为自己无论怎么努力都只是"一般般""不太好""差得远"，久而久之就会丧失自信。

赞美是必不可缺的社交礼仪，接受赞美也是每个人内心的渴望和期盼。父母如果希望孩子长大后能很好地与人沟通，能得体地表达自己的心声，那么就要注意从小培养孩子赞美别人的能力。

敬忠言

真诚的赞美是人类最美的语言，真诚的赞美才能像春风一样和煦，像太阳一样温暖，让人敞开心扉，心情舒畅。很多家长认为赞美孩子太简单了，因为孩子从小就生活在"你真棒""你真聪明"的赞美声中。其实家长并没有真正了解赏识教育的内涵，这样宽泛的表扬和赞美，实际意义并不大，或者说副作用更大。

一句"你真棒"可以将孩子所有的缺点掩盖，而一句"你真笨"可以抹杀孩子所有优点和努力。金无足赤，人无完人，我们要引导孩子去发现每一个细小的闪光点。

我们在赞美他人的时候，要将"你真棒"改成"君君，你做的汽车很有创意，你的动手能力很强"，这样孩子会知道他哪个方面能力强。模糊的赞美显得不真诚，对成年人而言可能就是虚情假意，对孩子而言可能导致他认知上的错乱。

示弱不是认输，而是一种智慧

示弱不是认输，而是一种特殊的智慧。示弱不是妥协，而是一种理智的忍让。示弱不是倒下，而是为了更好、更坚定地站立。人生是一场马拉松，一路上难免经历风雨，暂时的避让和后退，赢来的是更大的胜利。人生不是一场定局，绝不会风平浪静，既要拿得起，又要放得下，这样才能走得更远。在特定的情况下懂得示弱的人才是智者，才是人生赢家。

01

有的人喜欢逞强而不愿意示弱，总想以强大来标榜自己，来赢得别人的尊重和崇拜。事实上，适度的、有策略的示弱反而能获得别人的理解，能获得更大生存和发展的空间，这就是心理学的示弱定律。示弱并不是认输，而是一种聪明的退让和避嫌。

"煮酒论英雄"的典故想必很多人都知道。

三国时，曹操生性多疑，总担心别人超过自己。董承约刘备立盟，想共同除掉曹操。刘备担心曹操怀疑自己，便每天浇水种豆不过问政事。曹操见状，想试探刘备虚实，便请他前来赴宴。

席间，曹操说："当今天下英雄，只有你和我两个人。"正巧这时，雷声大作，刘备灵机一动，装作吃了一惊，手里的筷子掉在地上，他一边弯腰捡筷子，一边说雷声太大了，吓得他手抖。

曹操见刘备如此胸无大志，庸人一个，于是放弃了杀他的念头，也不再怀疑他。躲过这一劫，刘备向成就帝业迈出了一大步。

正是刘备在关键时刻故意示弱，才消除了曹操的怀疑，赢得养精蓄锐的时间。所以，弱与强在某些时候，收到的效果截然不同。弱者，反而赢得了机会；强者，反而处于弱势。

一个人才华横溢、胆识过人，会得到大家的仰慕，但是如果不会审时度势、把握分寸，也会让他人心生嫉妒，还可能会给同伴和上级带来威胁，从而让他人戒备。

在适当的场合示弱，这是一种智慧。真正的强者要的是结果，而不在乎过程。

02

自打孩子出生起，每一位家长就承担起抚养孩子的重任，甘愿做一棵大树为孩子遮风挡雨，即便自己很苦很累也要装作坚强。孩子心目中的父母都很高大，他们或许从来没有意识到父母也有脆弱、受伤、疲惫的时候。父母要学会适当放下面子和架子，向孩子展示自己不那么强大的一面，让孩子体谅父母，摆脱依赖，学会独立。

涛涛已经上初中了。他平时受妈妈照顾很多，性格比较内向，不怎么会主动关心家人，但是内心善良，也很孝顺。一次涛涛妈妈生病住院，涛涛爸爸要上班，涛涛爷爷奶奶要照顾妹妹，家里实在没有人可以照顾她，涛涛妈妈就对涛涛说："妈妈现在病了，不能下床了，家里人都忙，你长大了，可不可以照顾妈妈呀？"

涛涛说："可以呀，我就怕自己不会做。"

涛涛妈妈说："没关系的，做一做就会了。"

就这样，涛涛主动承担起照顾妈妈的责任。他每天打饭，打扫卫生，陪妈妈聊天儿，向医生汇报病情，没有让妈妈受一点儿委屈，晚上就在妈妈床边眯一会儿，整层楼的医生、护士无不夸赞他能干。

隔壁床铺上的一位奶奶，年近70岁，做了手术。连续好多天，每天都和涛涛妈妈聊天儿，向涛涛妈妈请教教育孩子的方法。她说："我30多岁时生了个女儿，我家老头子走得早，为了女儿能够和其他孩子一样拥有一个完整的家，我一直觉得很愧疚，也没有再婚，一个人艰难抚养女儿，从来舍不得让她受一点儿委屈。如今她已经30多岁了，什么事情也不做，也不来医院看我，更别说照顾我了。前天来了一次，坐了一会儿说：'妈，看你恢复得不错，你早点儿出院回家给我做饭嘛。'"

涛涛妈妈说，涛涛还有个妹妹，有时候又要照顾儿子，又要照顾小女儿，忙不过来，就向涛涛"示弱"：男子汉要多一些担当，要体贴父母。所以孩子很懂事，知道体谅父母的辛苦。

隔壁阿姨说："唉，我从来都不让孩子受一点儿苦，自己再苦再累也都扛着，现在想想真后悔，教出来的孩子一点儿也不体谅父母。"

涛涛和隔壁阿姨的女儿形成了鲜明的对比，父母努力一生为孩子付出一切，最后回报却极其有限，甚至让人伤心、失望。其实这也不能完全怪孩子，而是家长的教育方式出了问题。

涛涛妈妈的"示弱"激发了涛涛的信心和责任心，也增强了孩子的自豪感，这对孩子的成长是非常有利的。毕竟爸爸妈妈不可能一辈子跟着孩子，未来的日子孩子必须自己去面对。

03

为人父母，我们不仅要教孩子在辛苦时学会坚持，在跌倒之后学会爬起来，在伤心之余学会不流泪，也要教会孩子适时示弱，适时说出"我不行""我累了""我很难过"。

孙萌是一位心理医生，最近有一个来访者向她讲述了自己的经历。

他本来有一个哥哥，在他出生前因为一场大病去世了，但他的出生并没有抚平妈妈的丧子之痛。妈妈一度陷入抑郁之中，直到他上学得了100分，他才第一次见到妈妈的笑容。后来他放弃了所有的玩耍时间，拼命学习，只为博妈妈一笑。

大学期间，家境并不富裕的他靠打工和奖学金养活自己，甚至连出国留学也从不曾向家里伸手要一分钱。如今他学成回国，进了国内知名的大公司，还成了公司里公认的"全能达人"。

在别人眼里，他懂事、优秀，可是谁也不知道他心里的苦。他来孙萌这里，只因为他感觉自己陷入了抑郁之中。

第一次咨询，听他讲完所有的经历，孙萌只说了一句"你累吗？"，这个一米八的大男孩儿忽然泪如雨下，哭着说："你是第一个问我累不累的人！"

在他的世界里，追求优秀、勇往直前早已成为习惯。只有做得好、取得好成绩才能让母亲笑。他一刻也不敢放松，只能一路向前，因为从来没有人教过他如何示弱。

我们都习惯崇拜强者，也努力让自己活成强者。在困难和挫折面前我们常常毫不示弱，觉得我们很强大，这让我们本来负重前行的道路上又多了一些负担。我们应该真实地面对自己，如果累了就停下来休息一下，放松一下，你可以示弱，你可以说"我撑不住了，我需要帮助"。

在这世界上，不是所有的事你都能做好，所以要学会在自己不擅长的领域"示弱"，学会在时机需要的时候"示弱"，学会在自己辛苦难过的时候"示弱"，这不仅不丢人，反而是智慧和勇敢的表现。

愿你披荆斩棘一路向前，也愿你敢于说出"我累了"！

敬忠言

卡耐基说："如果你想获得朋友，就让朋友比你优越；如果你想获得敌人，你就显得比朋友优越。"学会示弱，学会在小处偶尔犯点儿错、出点儿丑会让我们更有亲和力，这就是心理学上的"出丑效应"。正所谓示弱不是真弱，逞强不是真强。"上善若水，水善利万物而不争"，这才是大胸怀、大智慧。

在教育子女的过程中，希望家长能够适当"示弱"，管控情绪，放低姿态。如果孩子是小树苗，父母则是参天大树，时刻为小树苗遮风挡雨，但小树苗也渴望长成参天大树。孩子在成长过程中，父母要慢慢收起守护的臂膀。小树苗要接受阳光的滋养才能够健康成长，接受风吹雨打后才能根基稳固，经得起挫折与考验。

家长都希望一代更比一代强，那就要学会"示弱"，学会退让，提前放手，让小树苗接受人生苦难的洗礼，让小树苗成为栋梁之材，才能守护日益苍老的"参天大树"。

幽默是生活和谐的调味剂

俄国文学家契诃夫说过，不懂得开玩笑的人，是没有希望的人。幽默不仅是生活和谐的调味剂，还是打开社交大门的钥匙；不仅可以淡化人的消极情绪，还可以给人带来喜悦和欢乐。

懂幽默的孩子可以让生活变得有趣，可以将快乐无限放大并分享给他人。幽默风趣的孩子，幸福感和成就感会加倍，更能用心感悟生活，乐观、从容地面对生活。

01

有幽默感的人能在生活中持续制造欢笑，让周围的人感到轻松愉快，还可在陷入尴尬局面时，以轻松、诙谐的方式打破僵局，化解尴尬。

每逢新年家家户户都要贴"福"字，门口的"福"字多是倒着贴的，这里还有一个幽默的来历。

明太祖朱元璋攻占南京时，准备进城，命心腹大将让人悄悄在曾经支持和帮助过自己的人家门上贴一"福"字，以便第二天将门上没有"福"字的人家通通按"暗通元贼"的罪名杀掉。好心的马皇后得知这一情况后，为消除这场灾祸，令全城大小人家连夜在各自门上贴一个"福"字。于是各家各户都遵照懿旨办，其中有户人家不识字，把"福"字贴倒了。

第二天，朱元璋命御林军把没贴"福"字的人家杀掉。不一会儿御林军头目回禀，说全城家家都贴有"福"字。朱元璋气得正不知如何是好，御林军头目又说，有一家把"福"字倒着贴在了门上。朱元璋听了大怒，立即命令御林军把那家人杀掉。马皇后一看事情不妙，忙对朱元璋说："那家人知道您今日会派人来访，故意把'福'字贴倒了，这不是'福到'的意思吗？您到了，福就到了呀。"朱元璋一听有道理，便消除了杀人的念头，从而避免了一场大祸，从此以后人们便将"福"字倒贴起来。

湖北黄石有句谚语："男人一把火，女人一盆水"，意思是说男人遇事常容易冲动，像火把一样一点就着，而女人在男人冲动时一定不能火上浇油，而要像一盆冷水一样把丈夫心中的怒火浇灭，才不至于酿成大错。如何快速化解矛盾，平复心情？最好的方式可能就是用幽默来化解。

02

幽默风趣的人无论走到哪里，都会广受欢迎。因为幽默可以创造快乐的氛围，给人一种平易近人的感觉。幽默的人能够更快地融入到陌生的环境中，在交友、做事的时候更具正能量，更能收获幸福感。

梅姐是个生意人，而且是个很幽默的生意人。有一次，梅姐出差，在机场大厅候机时，与邻座的人攀谈起来。这个人带着一个小男孩儿，小男孩儿非常调皮好动，一会儿在大厅里跑来跑去，一会儿又大声地唱起歌来。这人一边跟梅姐聊天儿，一边不停地让小男孩儿安静下来。

过了一会儿登机提示响了，梅姐起身，很同情地跟那人说："你要保重啊！"那人没有明白她的话，用一种很奇怪的眼神看着她，而梅姐接下来的一句话就把这人逗乐儿了："世界上，没有比七八岁的小男孩儿更可怕的生物了，他们有严重的好奇心和行动力，还有巨大的破坏力，最重要的是，他们还有《未成年人保护法》。"

那人听完哈哈大笑起来，于是和梅姐互换了名片。此后，每当他为孩子的调皮伤脑筋的时候，就会想起梅姐的幽默。后来，那个人成了梅姐生意上的重要伙伴。

幽默风趣的谈吐，不仅能给他人留下美好的回忆，还能为自己创造机会。每一个有幽默感的人，都是一台行动的快乐制造机，必将广受欢迎。

03

若想培养孩子的幽默感，父母需要打开心扉。只有父母打开心扉，学会开心，才能发现孩子身上的幽默，并给予孩子鼓励。除此之外，对于不太会主动表现的孩子，可以在生活中设置幽默时间，跟孩子猜谜语、讲笑话，进行幽默对话。经过一段时间的培养与训练，孩子一定能够变得幽默感十足。

小奇是个腼腆的男孩儿，爸爸为了让他变得幽默活泼一些，在家里专门设置了"幽默一刻"亲子节目，每天睡觉前十五分钟，父子二人或坐或躺，都会来一段温馨好笑的对话。

一天晚上，父子俩听到蚊子嗡嗡飞的声音，小奇想了想，找到了今天的开场话题，问爸爸："爸爸，你猜蚊子在说什么？"

爸爸回答："蚊子在说我们坏话，它们想看一看我们会不会生气去打它们。如果没有打它们，那么它们就会觉得我们这些'猎物'对它们没有威胁，就可以大饱口福了。"

听爸爸说完，小奇接着说："我觉得蚊子吹起了冲锋号，向我们发起了全面进攻，要把我们彻底打败。"

听了小奇的话，爸爸说："你看吧，这就是咱俩之间的差距，我认为蚊子在打信息战，你认为蚊子在打阵地战和歼灭战。"

又一天晚上，小奇问爸爸什么是内在美，爸爸问他："如果你有一个碗，这个碗的外边镶嵌着宝石和水晶，你觉得它漂不漂亮？"

"那肯定漂亮啊！"小奇坚定地回答。

"那如果碗里盛着馊了的剩饭呢？"爸爸接着问。

"呃，那很恶心！"小奇做了个鬼脸说。

爸爸接着说："这个碗就像人一样，一个人如果打扮得很漂亮，但是内心充满自私、嫉妒这样的情绪，那么这个人就不算是美的。如果一个人很朴素，但他自信、优雅、知识渊博，那么这个人就充满了内在美。"

就这样，爸爸每天坚持用一段段对话引导着小奇，在幽默中教给小奇正确的世界观、价值观、人生观，还同时给他讲了很多小知识点，慢慢地小奇变得活泼开朗，说话也十分幽默，同学们都很喜欢跟他聊天儿。他更加爱看书，学习成绩也提高了。

幽默是生活中放松和娱乐的妙招儿。幽默可能因事而异，最为重要的还是要有幽默感，所以应该培养孩子的幽默感，让孩子的生活更加幸福美满，充满乐趣。

幽默是一种积极的人生态度，容易让人找到话题，敞开心扉，深入交流；幽默也是才思敏捷、拥有智慧的表现。

当你不知如何开口与人交谈的时候，来一个自嘲作为幽默的开场，能让人感觉到你的自信和豁达，更能拉近彼此的距离。

当下社会，女性在外工作压力大，在家又要照顾家人的衣食住行，确实不易。女性若能以柔克刚，以"示弱"来"统战"家人，用幽默调动气氛，逐步掌握主动权，就可以轻松做妈妈了。充满幽默感的妈妈，不会轻易被坏情绪掌控，亲子间的情感会更亲密，家人的关系也会更融洽。

倾听是一种无形的力量

对别人倾诉，是一种天性；认真对待别人的倾诉，是一种涵养。在人与人交往中，倾诉是表达自己，倾听则是了解别人，达到心灵共鸣。学会耐心听别人说话，这是一种修养，更是一种无形的力量。

01

倾听是一种礼貌，表示对说话者的尊重。孩子只有被倾听过、被尊重过，才能学会倾听别人。所以，家长想要孩子学会倾听，首先要用心倾听孩子的心声。

晓晴上三年级，她的妈妈特别关心她的点滴成长。每天睡觉前，妈妈都会与晓晴聊天儿，在这段时间里，她会像听故事一样听晓晴讲学校里发生的事。虽然讲的都是小事，也很琐碎，但妈妈每天都听得很认真。因为她觉得，这也是参与孩子成长的一种方式。在聊天儿中，妈妈细心地观察着晓晴对这些事情的点滴反应，捕捉女儿对待事情的态度和处理方式，这样就可以更加清楚地了解女儿的想法，发现她身上的优缺点。在倾听的过程中，对于一些优点，妈妈会有针对性地进行表扬，要晓晴再接再厉；对于一些缺点则希望晓晴有则改之，无则加勉。每次家长会，妈妈都很重视，无论工作多忙都会挤出时间参加，因为她觉得这是对孩子的尊重。

在妈妈的精心陪伴下，晓晴成长为一个认真负责的孩子。作为班长，她非常有担当，班里的每件事她都尽力做到最好。当班里出现一些问题时，她总能及时沟通，快速解决。在学习上晓晴也从不松懈，总能将自己的学习和生活进行合理安排。

一朵时时被珍视的花儿，一定会有灿烂绽放的时刻；一个时时被倾听和尊重的孩子，一定会迎来展翅翱翔的时刻。

倾听是一种无形的力量：用倾听了解孩子的心声，探寻孩子的想法；用倾听分享孩子的成功，引导孩子不骄不躁，再创佳绩；用倾听陪孩子走出失败，给予孩子理性的指导。

02

古人云，兼听则明，偏信则暗。真正的倾听，一定要打开心扉，听取来自各方的声音，并且要摒弃心中固有的偏见，做到正视正听。

晨晨是个调皮的男孩儿，身上有好些小毛病，老师经常批评他。有时候晨晨也希望得到老师的称赞，可他总是管不住自己。

美术课上，老师带大家剪窗花。晨晨的动手能力很强，很快就剪好了，收拾好剪刀和作品后，他发现地上有一些碎纸屑，一定是谁剪纸的时候不小心掉的。他想起老师一直强调要保持地面干净，于是他钻到桌子下，趴在地上开始捡这些碎纸屑。

小组长岩岩发现他钻到了桌子下面，就喊他出来。晨晨一心想做好事，没理他。岩岩去告诉老师，他也不害怕，因为他相信这次老师一定会表扬他。可老师来后，只是生气地对他大喊："晨晨，你在干什么？地上脏不脏，还不赶紧出来！"晨晨听到老师的批评，惊恐地从桌子下爬了出来，他想为自己辩解，于是小声地说："老师，我在……"还没等他说完，老师就打断了他的话："别说了，快去洗手！"晨晨委屈地看了老师一眼。

这时候他听到冉冉的声音："老师，晨晨钻到桌子下是在捡纸屑。"晨晨回头给了冉冉一个感激的眼神，又转头看向老师。老师看着晨晨委屈的表情，蹲下来诚恳地对晨晨说："对不起，晨晨，刚才我没把事情搞清楚，也没有听完你说话就批评了你。"

一些调皮的孩子，家长和老师会给他们贴上特定的标签，形成一种相对固定的看法，这是一种偏见。如果我们能静下心来，也许会发现很多事情并不简单。老师只看到了晨晨趴在地上这个表面现象，就做了主观判断，就是因为平时老师对晨晨有偏见，所以并未了解真实的情况就开始批评。

偏见像一片树叶，会遮住你心中的眼睛，让你看不到事情的真相；偏见像一块巨石，会阻挡你的脚步，让你走不到事实的面前。所以，想要真心倾听，就要先抛开心中的偏见。

03

善于倾听不止于"在听"，还要"会听"，要边听边想，思考别人话中的意思，有针对性地反馈和提问，引导对方畅所欲言，这样能够给予对方更大的表达空间。想要教会孩子倾听，就要让孩子掌握恰当的提问方式，把更多的表达机会留给他人，给他人创造更大的表达空间。

马上就到暑假了，这几天聪聪心里有点儿打鼓，因为今年暑假妈妈朋友的孩子亮亮要来他家住一个暑假。妈妈跟聪聪说，由于他们两个孩子年纪差不多，招待工作就交给聪聪了。聪聪是独生子，总是担心自己和亮亮相处不好，所以亮亮还没来，他心里就紧张起来。

该来的还是来了，这天亮亮来到他家，聪聪学着妈妈的样子很热情地招待了亮亮，聪聪学着妈妈的样子跟亮亮聊天儿。一开始两人关系还很融洽，但是过了两天气氛却尴尬起来，因为"你家住在哪儿""你爸爸妈妈做什么""你有没有兄弟姐妹""你学习成绩怎么样"这样的问题都已经问完了，聪聪总觉得跟亮亮没话说了。

妈妈看出了聪聪的苦恼，就跟他聊起这件事，妈妈告诉他这样的提问方式会让对方感到压抑，同时，这种提问往往三言两语就回答完了。如果换一种方式，提开放式问题，那么人就可以打开话匣子，畅所欲言了。聪聪又跟妈妈请教了好多关于开放式问题的知识，然后自信满满地去找亮亮了。

其实亮亮也正没主意呢，他在别人家有点儿不习惯，也正希望聪聪能跟他聊天儿，跟他玩儿呢。这次聪聪改变了聊天儿方式，不再问一些三言两语就能回答的问题，而是问诸如"你们那儿有什么好玩儿的""你平时跟同学在一起都做什么""你为什么喜欢篮球"等能让亮亮畅所欲言的问题，亮亮也像打开了话匣子一样，跟聪聪说了很多他以前没听过的事情。两个人谈天说地，没几天就成了好朋友。

一个暑假下来，两个人不光成了好朋友，不爱运动的聪聪还因为亮亮的影响而爱上了打篮球。

倾听是人际交往的基础，是赢得良好关系的金钥匙。孩子要与人融洽相处，流畅地交流，必须要先学会倾听。一句让别人畅所欲言的回应和提问，也是倾听的一部分。越是善于倾听的人，与他人的关系就越融洽，因为倾听本身就是一种尊重和认可。

敬忠言

良 好的沟通从尊重对方开始，倾听是除礼仪之外，尊重他人、引导对方敞开心扉的很好的途径，更是一门必修的课程，甚至可以说是一门艺术。在家里，倾听是建立良好家庭关系的基础，只有积极倾听才会有高质量的沟通，才会促进家庭关系的和谐。

不管是衣食住行，还是孩子的成长学习，家人都可约定放下手中的事情，静下心来，每周召开半小时的家庭会议，专门针对具体问题及细节进行有效的交流。

有关孩子的问题，先管控情绪，不发火，不评价，再了解具体情况，而后让孩子发表意见。家长在倾听时，可以身体前倾，重述孩子比较关心的细节，以此来缓解孩子的压力，共情共振。

听人劝，吃饱饭

俗话说，听人劝，吃饱饭。听人劝，意思就是要听取别人的意见和建议。当别人拿着"放大镜"找我们的毛病时，我们需要拥有一颗强大的内心。这样才能少走弯路，使人生之路更顺畅。

01

从前有只小丑鱼，天不怕，地不怕，经常跑到河岸边独自玩耍，有时还故意围着渔夫的钓钩转来转去，当渔夫提起钓竿，它马上就跑掉。渔夫很生气，发誓一定要把这只调皮的小丑鱼钓上来。

另一只大点儿的小鲤鱼游过来，劝告它说："别再胡闹了，你这样做太危险了。河面这么宽阔，干吗非要绕着鱼钩来回打转呢？你距离鱼钩越近就越危险，干吗去冒险呢？即使今天得手了，明天呢？后天呢？如果你愿意，我可以陪你一起去更深的海底，好不好？"

"不去，不去，我才不要呢！"小丑鱼摆着尾巴，不屑地对小鲤鱼说："这样多好玩，多刺激呀！再说了，我这么年轻，视力绝佳，身手矫健。你看，渔夫费尽心机引我上钩都没得手呢！你要怕就走，不用管我！"

这时，渔夫投下三个鱼钩，上面挂着新鲜的小蚯蚓。小丑鱼顾不得再说什么，嗖一下冲过去，灵巧地吃掉第一个鱼钩上的蚯蚓，又顺利地吃掉第二个鱼钩上的蚯蚓，它开始飘飘然了，觉得自己特别厉害。它开始游向第三个鱼钩，由于前两次都很顺利，这次它放松了警惕，然而就在它吞下第三个蚯蚓时，猛然感到上颚一阵剧痛，接着被一股巨大的力量拉出水面。它这才明白，想要挣脱已不可能。

渔夫兴冲冲地把它从鱼钩上拿下来，扔进鱼篓里。小丑鱼后悔了，后悔没有听小鲤鱼的劝告，但一切都太晚了。

这个故事告诉我们，一个固执的人往往会封闭在自己的梦想中，屏蔽外来的信息和建议。这样的人身上有很多优点，或许很能干，或许特别聪明，但是却很难做成大事。

02

此外，还有个故事，名字叫"元觉劝父"。

春秋战国时期，有个叫孙元觉的少年，他小时候十分懂事，可他的父亲对爷爷却非常不孝。有一天，父亲要把年迈病弱的爷爷扔到深山里去，让他自生自灭。孙元觉哭着跪倒在父亲面前，恳求他不要抛弃爷爷。可是父亲却哄骗他说，爷爷年老了，年老不死会变成妖怪，还会吃人的。孙元觉知道必须想其他办法才可以阻止父亲。

过了几天，父亲拿了一个筐子，背着爷爷往山里走。一路上，孙元觉一直跟在后边，苦苦思索怎么劝解父亲放弃这个不人道的决定。他看父亲走路不稳，忽然想到父亲将来也有年迈的时候，于是他有了主意，知道该怎么劝父亲了。

他们走到了深山里，父亲把爷爷放下就要离开。这时，孙元觉对父亲说："你把爷爷扔了，筐子还是拿回去吧。"父亲没明白他的意思，问他："这筐子是凶物，都要破了，还要它做什么？"孙元觉说："等到你老了，我好用它来装你，再把你扔到山里来呀。"孙元觉的话让父亲很震惊："我是你父亲，你怎么想着要抛弃我呢？"瞬间，父亲终于幡然悔悟，还向元觉的爷爷和元觉承认了错误，恭恭敬敬地把老人家背回家。从此一家人和睦相处，幸福生活。

每个人对事情的判断都是基于自己现有的经历和经验，必定有考虑不周的地方，所以要多听听别人的意见和劝告。不论是父母还是孩子，每个人都有犯错的时候，要善于听从别人的劝解，才能使自己少犯错误。

03

当你理性地对待别人给你提的意见时，你会发现，有那么一两句话可能让你的人生有一个很大的改变。

这就不得不说唐太宗李世民了。他是唐朝的第二个皇帝，是非常杰出的政治家、军事家。为何李世民是一代明君？因为他听人劝。

魏徵是备受李世民信任的臣子，而魏徵则不断地向李世民进谏。就是这个整天挑刺的人，让李世民避免了很多错误，创造了"贞观之治"。

从古至今都是这样，只有听得进别人建议的人才能成长。"良药苦口利于病，忠言逆耳利于行"，有时正是"逆耳"的话，才让我们正视自己，修炼自己，最后成为"吃饱饭"的人。

敬忠言

俗话说，不听老人言，吃亏在眼前。我们要多听取过来人的意见。经验是传承下来的，经过了很多人的印证，值得尊重。

父母苦口婆心，但如何才能让孩子有所领悟呢？建议家长平时一定不要啰唆。啰唆就是父母与孩子之间不够信任的表现，正所谓"威不足则多怒，信不足则多言"。

听劝需要建立在信任和信服的基础之上，有时候家长为了达到劝说的目的，可以以退为进，只是把对事情的预判告诉孩子，让他去尝试。如果结果如大人所料，孩子以后就会听从大人所给的建议。

第七章

挫折是人生的试验场

告诉孩子，小时候"好过"，

长大之后经常会"难过"。

面对挫折，不要一蹶不振，要学会坚强，

把挫折变为成功路上的垫脚石！

经得住考验的人生才更耀眼

石头经过石匠的精心雕琢才能成为石佛供人膜拜；毛毛虫经历痛苦的挣扎才会破茧成蝶；河蚌久经阵痛才能孕育出璀璨的珍珠；凤凰历经烈火焚身才能涅槃重生。只有经历过磨难才能脱胎换骨，因为经得住磨难考验的人生，才会更加耀眼。

01

一个人，只有内心强大，才是真正的强大。因为内心强大的人，无论遇到什么困难，都会保持从容淡定的心态，都会拥有积极向上的力量，不会被困难打倒，从而战胜黑暗，迎接光明。

北宋文学家苏辙曾写过一篇传记，叫《孟德传》。

这篇传记的主人公孟德，从小就喜欢深山老林。长大后，他当了兵，因不愿受苦，所以从军营中跑出来，逃进了深山。

他一路逃跑，身上所带的食物很快就吃完了，他只能吃草根、啃树皮。因为他知道，如果被抓回去，他就会被处死。饿死也是死，被猛兽吃掉还是死，反正结果都一样，所以他就什么都不管，什么也不怕了。

哪里山深，他就往哪里钻。刚开始他吃野果、啃草根，常常感到肠胃不适，上吐下泻，过了一段时间后，他慢慢适应了，吃这些东西犹如吃五谷杂粮一般。

山林里常常有野兽出没。孟德根据经验判断，老虎不会直接吃人，而是先吓唬你，看到你害怕了才会下手。而他对付老虎的绝招儿很简单，就是不害怕。无论老虎如何怒目圆睁，如何大呼小叫，如何张牙舞爪，孟德都泰然自若，毫无惧色。老虎很疑惑，最后只好怏怏而去。

孟德之所以可以避开猛兽的侵害，是因为他有一颗强大的内心。他内心深处有一种超乎常人的镇定，有一种将生死置之度外的勇敢，有一种笃定从容的气势。

在人生当中，我们最应该战胜的就是自己，只有驱散内心的阴霾，让自己无所畏惧，才能强大起来。只有内心充满信念，才能拥有淡定从容的心态。

02

人的一生中，有快乐，也有磨难，只有从磨难中站起来，重拾信心，不屈不挠，才能以一种崭新的姿态踏上新的人生旅途。

2018年的汶川大地震，不仅夺走了廖智不满一岁的女儿，还夺去了她的双腿。她深受情感和身体的双重打击，在地震后承受了常人难以想象的伤痛。

然而，她并没有一蹶不振，相反，她把灾难当成了最好的人生导师。为了参加募捐义演，截肢仅一个月后她就开始练习舞蹈。她忍受着伤口的剧痛，每天坚持练三个小时，就是为了让自己尽快习惯用残缺的肢体保持平衡。

终于在两个月后，廖智重返舞台，用残缺的肢体演绎了献给灾区人民的《鼓舞》。演出现场掌声雷动，经久不息。虽然她的肢体是残缺的，但是她用独特的生命展示了一场完美的演出，她以一个身残志坚的柔弱女子的形象，劝告人们珍惜生命。

事后她说，志愿者和观众的掌声，使她如获新生。在那之前的两个月，她一直生活在阴影中，一直生活在和女儿手拉手的那一刻，走不出来。

此后，廖智在全国不同的地方跳过《鼓舞》。2010年玉树地震，廖智的舞蹈为灾区募集到几十万元赈灾款。尽管住在租来的房子里，尽管平时六点就要起床，但只要是义演，她从不推辞。

灾难面前，这个外表柔弱的姑娘爆发出了令人惊叹的勇气，她用强大的内心、坚定的信念迎来了光彩夺目的重生。

03

内心强大的人能够坚持信念，执着地追求成功，永不放弃心中的梦想。

郎平曾是中国著名的女子排球运动员，凭借强劲而精确的扣杀赢得了"铁榔头"的称号。她作为20世纪80年代中国女排主力队员，和其他队员一起实现了中国女排"五连冠"，顽强拼搏、勇攀高峰的"女排精神"，激励着一代又一代的女排人。

20世纪90年代，她在中国女排最困难时期，几次担任主教练，传承"女排精神"，把中国女排重新带回巅峰，获得了奥运会、世锦赛等多项世界大赛冠军。

2018 年 10 月，58 岁的郎平带领中国女排队员奋战在世锦赛上。可是在半决赛中，中国队以 2 : 3 的成绩败给意大利队。

半决赛结束后，大家很快投入到了与荷兰女排的三、四名之争中。郎平很清楚姑娘们的心理，她知道自己是大家的精神支柱。她鼓励大家说铜牌也很重要，打到现在是一场场拼出来的，不能因为没有夺冠希望就没有精神了，女排要战斗到最后一刻。

郎平把姑娘们从郁闷的深坑中拉出来，大家重新投入备战，研究荷兰女排的录像，制定战术。最终，中国女排以 3 : 0 的成绩战胜荷兰女排，夺得 2018 年女排世锦赛季军。

对女排姑娘来说，世锦赛只是一个驿站。把失利遗憾转化为奋进的斗志，未来一切皆有可能。内心强大的郎平带领着内心强大的中国女排，一直拼搏在赛场上。

谁都无法左右外在的世界，但却可以丰富自己的内心。当你的内心足够强大时，你会发现你拥有一种勇往直前的力量，无论遇到什么困难你都不会害怕，都能够把生活中的"不可能"变为"可能"。

敬忠言

《礼记》中的"玉不琢，不成器"意思是一块玉石如不经过雕琢就不会成为一件美玉，人也一样，需要经过雕琢才能成熟，需要经过教育才能成为人才，才能为国家为社会做出贡献，相信望子成龙、望女成凤的父母都有这样的期待。成长路上布满荆棘，任何人都会经历各种艰难险阻，孩子小时候，或许父母还可以替孩子遮风挡雨，但父母不可能永远守护孩子，因为父母终将先于孩子老去。

那该传承给孩子什么父母才能更安心呢？最好的给予不是提前为孩子铺好人生之路，因为未来不可预期的情况太多，未来父母不能左右的事情也太多，所以最好是在日常生活中培养一个自信的孩子，让他们在挫折中认清自己，在苦难中磨砺意志，培育强大的内心。一个人有强大正直的内心、永不言弃的韧劲、任劳任怨的才干才能战胜困难，赢得幸福人生。

人生就像一场比赛

人生处处有竞争，人的天性就是要赢，要得到周围人的认可。虽然小孩子没有生存压力，但他知道，如果自己赢了，就会得到父母、老师的表扬，还会得到很多奖品，更会赢得小朋友们的尊重。

人生不在于当下的输赢，而在于要成为什么样的人。当下的输赢是提醒我们当下需要努力，长远而言，则在于你要成为什么样的人，能够为多少人去服务，只有这样的人生才是更有价值的人生，也就是马斯洛需求层次理论里的自我实现。

赢未必可喜，输也未必可悲，胜负并不重要，跌倒了站起来才更重要！作为父母，我们要陪伴孩子成长，做好孩子人生马拉松的陪练。

01

竞争的结果不是输就是赢。竞争本身并不可怕，可怕的是如何看待竞争结果。输给别人没什么了不起，每个人都有自己的长处和短处；赢了别人没什么了不起，不断超越自己才是真进步。我们要摆正心态，以更加乐观积极的态度去对待生活中的竞争。

晓琳从小争强好胜，什么事情都要争第一。从一年级开始，她的成绩一直名列前茅，妈妈也为她感到骄傲，对她事事争先经常夸赞有加。妈妈常挂在嘴边的一句话是"你真棒！"，这让晓琳有种自然的优越感。

小学毕业后，晓琳顺利考上了市里的重点初中。重点初中跟小学完全不同，不管是老师的教学方式，还是各种教学设备的应用，以及同学之间人际关系的变化，晓琳都有点儿不太适应，期中考试考了第十名。对于这个成绩，妈妈虽然没有苛责她，可是晓琳还是能够看出妈妈脸上的遗憾。晓琳自己也接受不了，暗暗下决心期末考试一定要考第一名。

虽然制订了详细的学习计划，可是几次测试下来，晓琳的学习成绩仍然没有太大的起色。期末考试转眼就到了，晓琳心里暗暗着急，最后出于对第一名的渴望，她选择了作弊，将一些自己不熟的知识点写在小纸条上带进了考场，结果被老师发现，晓琳觉得羞愧难当。

爸爸妈妈知道后也非常震惊：自己优秀的女儿怎么会做这种事呢？震惊之余，爸爸妈妈认真进行了分析，最根本的原因是晓琳太想得第一名。不管是为了让妈妈开心，还是对完美的追求，晓琳都不能忍受自己输给任何人。可事实是，晓琳进入这所重点初中后，没有发现客观条件已发生了很大变化，更没有及时调整心态和学习方式，没有认清自己的劣势，为了赢，她选择了作弊。

情绪沮丧、备受打击的晓琳，在爸爸妈妈的引导下，接纳了自己所犯的错误和这件事情的不良影响，也明白了每个人都有自己的强项和弱项，走出了阴影。

通过不正当的手段达到目的，本身就是错误的。父母要懂得反思，不要总在孩子面前说"你是最棒的"。虽说孩子需要鼓励，若孩子认为自己永远是最棒的，哪天如果遭遇重大挫折，他的整个精神、思想都会崩溃，后果不堪设想。人不可能一帆风顺，成长过程中历经磨难才会成长。

02

孩子在成长的过程中，随着自我意识逐渐增强，输在他们眼中是一件十分可怕的事，怕输成为孩子的常见心态。“输”是痛苦的，每个人都希望拥有鲜花和掌声，但是人生不如意事十常八九，所以从小树立正确的竞争意识就显得特别重要。

四年级的小优，最近学会了一个叫“拉火车”的纸牌游戏，就是把纸牌一张接一张地往桌子上摆，如果自己摆的牌跟之前的数字相同，那这两张牌之间的所有牌就都归自己所有。

吃过晚饭，小优就拉着姥姥玩儿牌。姥姥看她那么兴奋，就一直让着她，没一会儿工夫，就把手中的牌全输给了小优。这下小优可高兴坏了，得意扬扬地在屋里走来走去。估计是想展示一下自己高超的牌技，小优拿着牌跑到书房找爸爸。可是爸爸向来不喜欢迎合孩子的虚荣心。没过多久，小优空着手、噘着嘴从书房出来，一屁股坐在沙发上，也不说话。不用问，肯定是输了。

这时，妈妈和姥姥便赶忙安慰小优：

“小优，这就是个游戏而已，不能当真。”

“玩儿游戏肯定有输有赢呀。”

“输得起的孩子才是好孩子，你不想输，但是别人也不想输呀，是不是？”

经过一番劝慰，小优终于又露出了笑脸：“妈妈，我输得起！”然后，她就又拿着牌跑到书房找爸爸去了。

怕输就不会赢，输了，总结经验就会赢。大多数孩子和小优一样，输了肯定不开心，但这也能让他们学会遵守游戏规则。作为父母，我们应该做的是鼓励孩子去探索竞争，引导他们享受这个过程，不要太在乎输与赢。

03

竞争无处不在，能看到自己的不足，就能完善自己。学习对手的优点是一种品质，"取人之长，补己之短"更是一种能力。

这次期末考试，肖文又考了第六名，虽然已经很不错了，但是对于这个非常上进的孩子来说，还远远不够。假期即将结束，新的学期快开始了，肖文跟爸爸说，下次考试他一定要考到全班前五名。这样的对话，父子俩已经聊过两次了，但是两次的结果都是第六名。这一次又谈起，爸爸想给孩子一些不一样的建议。

爸爸问肖文："前两次你也是这样说的，结果都没实现。这一次你有什么不一样的办法吗？"肖文气哄哄地说："我要比以前更加努力，每天再早起一个小时。"爸爸否定了他的方案，说："你现在已经很努力了，再压缩睡觉时间的话，你有可能睡眠不足，反而会起反作用。"肖文低下了头，喃喃地说："那怎么办，难道我注定只能是第六名吗？"爸爸一转话题，问道："你有没有看过每次都排在你前边的那几名同学是怎么学习的？"肖文没想到爸爸会这样问，摇着头说没有，爸爸接着说："那这样吧，开学第一周，你注意观察一下，看看这几位同学有没有什么好的学习方法。"肖文答应了。

一周后，他跟爸爸汇报了他的新发现。有一个同学有个错题本，他把自己做错的题都抄在上面，经常拿出来翻看；有一个同学喜欢看课外书，所以作文写得超棒，基本上每次都是优秀；有一个同学特别喜欢归纳总结，他把好多需要背诵的东西，或者画图或者列表，按照他自己的方法重新整理，每次都记得又快又准。

听他说完，爸爸只说了一句话："取人之长，补己之短。"肖文恍然大悟，信心十足地说："爸爸，我明白了，您瞧好儿吧。"

在爸爸的启发下，肖文看到了竞争对手的优势，找出了自己存在的差距，他自身的潜能得到了更充分的发掘，学习成绩又提高了一大截，终于实现了自己进入前五名的愿望。

如果我们把竞争对手视为学习上的伙伴和朋友，不但会使自己受益匪浅，也有利于他人学习，这不仅是方法的问题，更是视野、胸襟、思想和境界的问题。引导孩子去学习竞争对手身上的优点，把压力当成动力，在竞争中掌握求生的本领，孩子在今后的人生路上就会越走越顺。

敬忠言

在世界上，竞争无处不在。对于自然界，弱肉强食是竞争；对于人类，土地、水源等资源的支配权是竞争；对于个人，从几亿精子中脱颖而出降临于世也是竞争。你能降临于世，本身就证明你原本就足够幸运，足够优秀。我们要有"天生我材必有用"的信心，以这样的心态来面对世间复杂的事情，生活就会简单很多。

竞争不可避免，要以哪种心态来面对竞争？用哪种姿态来迎接挑战呢？竞争是为了提升自我，只有在竞争中才能认清自己的不足，才能知己知彼，快速提高自己。正如英国著名的历史学家、哲学家大卫·休谟所说："高尚的竞争是一切卓越才能的源泉。"

失败只是成功的过渡

　　在成长的过程中，谁都会经历失败，关键是你以什么样的态度去面对。若以积极的心态去面对，跌倒了，站起来，拍拍身上的尘土，擦干眼泪，总结经验教训，这样每一次的失败都是有意义的；若以消极的心态去面对，从而陷入自我否定的怪圈，那便会沉沦于失败中而无法自拔。孩子，失败只是暂时的，不要对眼下的事灰心丧气，要在失败中找到自己的弱点与天赋，重整旗鼓，学会在下一段征程中迎难而上，不断挑战自己的极限。这看似是一种很傻的做法，最后往往会得到意想不到的结果。

01

　　我们知道东汉时期蔡伦成功改进了造纸技术，但又有多少人知道蔡伦一生中所经历的失败呢？

　　东汉时期，纸的制造工艺十分复杂，价格较贵。人们想要得到纸，首先要把蚕茧在水中进行漂洗，洗完之后水面就会留下一层薄薄的丝绒，这些丝绒经太阳晒过后就会变成絮纸。这种纸相当珍贵，只供给达官显贵使用，平民百姓是用不起的。

蔡伦出生在贫寒的农民家庭，他小时候常常坐在河边，看人们在溪水中做絮纸。不知不觉中，蔡伦就对造纸产生了浓厚的兴趣，他希望能够做出一种更加平民化的纸，让平民百姓都能用得起。为此，蔡伦做了一次又一次的实验，虽然都失败了，但是他却从这些失败的实验中吸取了很多经验教训，对造纸的方法和各种材料都有了更深的了解。

后来，蔡伦进宫为官，但他没有忘记自己对于改进造纸术的坚持。他放弃了待遇更好的官职，申请做了一个专门负责给皇宫制作宫廷用品的官员，只因为这个职位可以让他接触到全国最好的造纸资源。

蔡伦凭借长年积累的经验，充分利用现有的造纸资源，开始了一次又一次的实验。在经历了无数次失败后，最终，他造出了轻便又廉价的纸张，造纸原料和工艺都得到了很大的改进。蔡伦对造纸术的改进，引起了书写材料的一场革命，方便了人们书写，便于文化的保存和交流，对世界文化传播和发展也起了重大作用。

蔡伦一生中做过无数次实验，也经历过无数次失败，如果他被中间的任何一次失败打倒，那么便不会有造纸术的成功。

失败乃成功之母，敢于正视失败的人，在失败面前才不会沉沦。认真总结每一次的经验教训，就会越来越接近成功。

02

教孩子正视失败有多种方法，如引导孩子分析原因、鼓励孩子学习别人的长处、使用激将法等，父母要针对不同的孩子采用不同的方法。

轩轩上一年级和二年级的时候，学习一直不错，但自从上了三年级，学校开了英语课后，轩轩开始自卑和苦恼起来。英语成了他的

"克星"，每节课他都觉得云山雾罩，根本听不明白。后来他干脆放弃了英语，在英语课上睡觉，结果一学期下来，他的英语成绩一团糟，在全校都是倒数。他觉得这太丢人了，开始有了厌学情绪。

爸爸与轩轩进行了一次谈话。一开始轩轩坚持拒绝上学，拒绝学英语，爸爸提高声调对轩轩说："你放弃学习，就是做逃兵，你是被小小的英语课打败了。"爸爸这句话，激起了轩轩强烈的自尊心："不可能，我不会被小小的英语课打败的，我从头开始学起，咱们走着瞧，我一定能行的！"然后轩轩转身进卧室去了。

其实这句话是爸爸故意说的，就是为了激励轩轩重新开始学习英语，看到轩轩坚定了从头开始学习英语的信心，爸爸开始陪着轩轩一起制订英语学习计划，每天坚持按照计划复习、学习、预习，同时爸爸也陪着轩轩坚持阅读英文报纸，周末一起在客厅看原声英语动画片，学唱英语歌曲，轩轩把学习英语当成了一种乐趣。在家人一起学习、一起营造的环境里，一学期过去了，轩轩的语感明显增强，英语成绩有了显著提高，轩轩重新体会到了学习的乐趣，对英语课也更有信心了。

在实际学习、生活、社交中，孩子常常会经历暂时的失败，家长首先不能被情绪所绑架，不能一味地责备孩子，而要耐心帮助孩子摆脱动摇、胆怯、逃避等消极心理。然后可以利用心理学的"登门槛效应"，根据孩子的实际情况制定一个比较容易实现的目标，边前进边总结经验，一步一步攀登下一个目标。这样循序渐进，既能够帮孩子增强自信，也能够促进亲子关系，还能实现目标，这比在孩子遭受失败、心情沮丧，而我们火上浇油、发泄情绪智慧得多。

03

正视失败，首先要了解失败是结果，而原因是我们本身有诸多不足。为了避免下一次失败，在分析失败的过程中，不能一味沮丧，也不能盲目自信，盲目制定目标。

芊芊上六年级了，刚结束的这次期中考试，让她很受挫败，平时成绩优秀的她，这次考试成绩却"史无前例"地掉出了全班前十名。虽然没有人说什么，但是芊芊仍然感到自己喘不过气来，总觉得别人看她的眼神都怪怪的，别人说的话也都是在对他冷嘲热讽。

妈妈知道芊芊这次考试成绩不太理想，知道芊芊很难过。芊芊平时对自己的要求就特别高，这样的孩子遭遇挫折失败后，更容易陷入自责中而难以自拔。所以妈妈没有责怪芊芊，怕伤了她的自尊心，只是温柔地安慰她。

除了鼓励和安慰之外，妈妈还与芊芊一起分析失败的原因，有内在原因，也有外在的客观原因。最后芊芊自己还主动加了一条——她对自己的期望值过高，导致考试的时候格外紧张。她说完还用力点了点头，觉得这一条非常重要。妈妈也趁机开导她："要客观看待考试结果，适当调整目标能够减轻自己的压力，再说了一两次考试成绩不能代表什么，要学会在不断学习的过程中总结哪些知识点没有掌握，下次避免再犯同样的错误。当我们有了这种心态，我们就会放下不安，查漏补缺，争取下次取得更好的成绩。"终于，妈妈又看到了芊芊自信的笑脸。

失败只是暂时的，一次失败并不意味着终结，只有不敢正视失败、不善于总结经验、不吸取教训的人，才是真正的失败者。当孩子在失败中感到彷徨无助时，家长应该及时伸出援助之手，帮助孩子走出这个低谷，帮他重燃希望之火，尽快投入到新一轮的学习生活中。

敬忠言

❝ 胜不骄，败不馁。"商鞅在《商君书·战法》篇中说，胜利了不要骄傲，失败了也不要气馁。"天地生才有限，不宜妄自菲薄。"失败和成功是对孪生兄弟，总是形影不离，在成功路上少不了失败当道，在失败路上也会有成功降临，前提是方向正确，不要放弃。

人生短短几十年，总是波浪式前进，螺旋式上升。人生不如意事十常八九，我们不要给"失败"下定义，可以用其他方式来替代对于"失败"的表达。例如可以把"我失败了"这句话换为"这次没成功"。没成功怎么办？总结经验，下次再来。只要有1%的希望，就要付出99%的努力，成功在不远处等着你。

学会笑对批评

在生活中，我们总会遇到各种批评，或来自老师，或来自父母，或来自朋友。批评你的人，都是关注你的人，能够指出你错误的人恰恰是你最应该感谢的，因为他是真心希望你越来越好的人，他给你提供了改正缺点、完善自己的机会。很多人认为批评等于被否定，被批评者情绪会有波动。如果我们把批评看作他人对我们的一种鼓励，我们能够接受批评，笑对批评，那人生就是另一种境界了。

01

对于别人的批评，在孩子还小的时候，家长可以更多地去共情，去引导孩子进行反思。对小学阶段的孩子，家长可以适当放手，让他学会独立反思，之后陪他一起总结，这样能够锻炼孩子的思考能力。

浩博现在上小学四年级。在学习上，爸爸妈妈对他并没有苛求。有一次妈妈接到老师的电话，说浩博在上课的时候折纸飞机。老师先是没收了他的纸飞机，然后批评他上课不认真听讲，于是浩博大哭大闹起来。

浩博放学回家，妈妈跟他聊天儿，向他解释老师批评他是为了让他更好地学习。妈妈能够看出浩博是听进去了的，可是他却偏偏摆出一副"嘴硬"的样子，骄傲地扭过头去，做出"你不对，我不听"的姿态。这时候妈妈才意识到平时对他的"赞赏式"教育使他不能正确对待任何批评。

孩子从小身边就有赞赏声围绕，被一家人呵护。他没有受到过批评，所以一听到不合心意的话就不高兴，一被批评就摆脸色，自尊心强，受不了一点儿挫折。

这就是大家常说的极易受打击、心理承受能力不强、拥有"玻璃心"的人。如今孩子生活在优越的环境中，又拥有一颗易碎的"玻璃心"，遭到拒绝或批评就特别容易产生挫败感，容易做出极端而不理智的事情来。

拥有"玻璃心"的孩子，在没有步入社会前还有老师与家长的包容，等步入社会，根本没有人会哄着你、让着你、宠着你。所以，家长要引导孩子学会笑对批评，内心变强大，这样才能经受住挫折的锤炼。

02

当孩子受到老师批评时，父母要引导孩子摆正心态，有则改之，无则加勉。若家长没有处理好老师的批评，可能会使孩子因讨厌老师而放弃这一科的学习，那就得不偿失了。

在语文课上，彤羽后桌的两个女生一直偷偷儿聊天儿，她回头想要制止，却正好被老师看到。于是老师让她背诵随堂作业。她支支吾吾，结结巴巴，没能背出来。

回家后，彤羽将事情跟妈妈讲了，妈妈说："我看姚老师挺好的，平时对人总是笑眯眯的，很温和啊！"

彤羽气哄哄地说："温和？今天课堂上批评我的时候，她可严厉了。当着全班同学的面，说得我都无地自容了。"

妈妈笑着对彤羽说："老师批评你，是你的福气。不怕老师批评你，就怕老师不管你。你上课开小差，不好好儿听讲，老师如果视而不见，那才可怕呢！"

妈妈耐心地说："老师批评你，是提醒你注意听讲，帮你养成良好的听课习惯，端正你的学习态度。老师是为你好，你还有意见？"

彤羽好像明白了，一个劲儿地点头。

父母要告诉孩子，在成长的过程中，不仅需要赞美的阳光，还需要批评的雨露，这样才能茁壮成长。孩子，当你再读一些书，再阅一些人，再经一些事，你就会明白，老师的批评对你的成长有多重要。

敬忠言

愿意批评你的人，很多都是希望你将来越来越好的亲友师长，但有时批评也不见得就一定完全正确。对于批评，我们要抱着"有则改之，无则加勉"的乐观心态去面对。如果确实有误会，可以选择在适当时机以合适的方式做出解释，因为这样就会有更多时间来回忆和反思，不会因为情绪失控而再次激化矛盾。

依据心理学上的"阿伦森效应"，先贬后扬的批评方式是他人更易接受的方式，而我们常用的先扬后抑的批评方式是容易让人反感的。如果先批评后表扬，他们会记下表扬的语言和场景，而且会持续保持大脑相关区域的活跃度，这样更易于接受。先扬后抑则正好相反，很多家长说那岂不是没有批评的效果了？要明确一点，批评不是为了发泄情绪，而是希望对方能学会反思，能接受教育，所以要从人们愿意接受的方式入手。

只为成功找方法，不为失败找理由

《乌鸦喝水》的故事想必大家都听过。一只乌鸦口渴了，要喝瓶子里的水，可是瓶子很高，瓶口又小，它喝不着水。乌鸦看到旁边的小石子，想出了一个好办法：把小石子一个一个放进瓶子里，水面升高了，乌鸦也喝到水了。这则故事虽短，但蕴含的道理却值得我们深思——要为成功找方法。

01

"聪，亲爱的孩子。收到 9 月 22 日晚发的第六信，很高兴。

"我们并没为你前信感到什么烦恼或是不安。我在第八封信中还对你预告，这种精神消沉的情形，以后还是会有的。我是过来人，决不至于大惊小怪。你也不必为此担心，更不必硬压在肚里不告诉我们。心中的苦闷不在家信中发泄，又哪里去发泄呢？孩子不向父母诉苦向谁诉呢？我们不来安慰你，又该谁来安慰你呢？

"人一辈子都在高潮—低潮中浮沉，唯有庸碌的人，生活才如死水一般；或者要有极高的修养，方能廓然无累，真正的解脱。只要高潮不过分使你紧张，低潮不过分使你颓废，就好了。太阳太强烈，会把五谷晒焦；雨水太猛，也会淹死庄稼。我们只求心理相当平衡，不至于受伤而已。你也不是栽了筋斗爬不起来的人。"

上文节选自著名作家、翻译家傅雷写给儿子傅聪的家书。可以看出，傅雷和傅聪的亲子关系很好。儿子傅聪遇到了困难，作为父亲，傅雷以平等的视角去理解和开导孩子，深入浅出地讲道理，深深地表达了对儿子的舐犊之情。

现如今，家书这种温暖的表达方式已不多见，但无论用何种沟通方式，父母都是孩子最坚强的后盾。在孩子"栽跟头"的时候要允许他发泄情绪，给予他安慰，鼓励他勇敢去面对。因为成长的路上充满坎坷，但静下心来想一想，办法总比困难多。

02

人生之中总会遇到各种各样的困难，有困难就会有办法。只要你有泰山不过来，我们可以过去，无论如何也要达到泰山之巅的决心，就一定能战胜困难。

"感动中国 2015 年十大人物"之一"同桌妈妈"陶艳波的故事可以说家喻户晓。

48 岁的陶艳波，每天从早到晚，几乎都要陪伴在儿子杨乃彬身边，和儿子一起学习，做儿子的老师、同桌。杨乃彬 1 岁的时候，因为一次发烧导致耳膜出血，最终他失去了听说能力，这无疑给陶艳波一家人带来了巨大的打击。

为了给孩子治病，他们去了很多地方，但医生的结论始终让他们失望。很多人劝陶艳波把孩子送到聋哑学校，但是陶艳波没有放弃。

为了儿子，她专门从老家黑龙江到北京学习唇语，然后一点点地教儿子说话、识字。

陶艳波坚持让儿子上正常学校，为此她做出了一个让人难以理解的决定：辞职，陪着孩子一起上学。就这样，从小学一年级到高三，母子二人一起学习，学校在变，学习内容在变，可陶艳波作为杨乃彬的"同桌"却一直没变过。她就是儿子的耳朵，就是儿子的向导。杨乃彬的老师、同学也都为这对母子提供了最好的条件。经过不断练习，杨乃彬能比较正常地和人交流。

最终在母子二人的共同努力下，杨乃彬终于走进了大学校门。说起儿子，陶艳波充满自豪。"别家的孩子 19 岁考入大学，我家的孩子也是 19 岁考入大学。"如今，杨乃彬已经是个懂事的男子汉，为减轻家庭经济负担，他勤工俭学，为同学提供快递服务。他那青春的脸庞，始终洋溢着自信的微笑。

陶艳波的自豪和杨乃彬的自信都来得太艰难了，但是幸好都适时来了。可见，无论遇到什么困难，只要下定决心坚持攀登，不退却不放弃，就一定有解决之道，就能迎来登顶的那一刻。

03

当我们遇到困难与挫折时，可以把踩在脚下的石子当作进步的基石，更重要的是要懂得分析，寻找方法。很多时候并非无路可走，只是我们懒得去思考，想的办法不够多，或是在尝试各种方法时，又因出现新问题而轻易放弃了。

李嘉诚的名字可谓家喻户晓，他之所以能成功，是有一定原因的。从打工的时候开始，他就是一个解决问题的高手。

最初，他在一家茶楼做跑堂伙计，后来应聘到了一家企业当推销员。若想当一名优秀的推销员，首先要能跑堂，这难不倒他，以前在茶楼跑前跑后，早就练就了一副好脚板。其次，也是最重要的，就是想办法把产品卖出去。

有一次，李嘉诚去写字楼推销一款塑料洒水器，连续敲了几家公司的门，都无人问津。一上午时间，他一个洒水器都没卖出去，如果下午还是卖不出去，他无法向老板交代。

尽管推销很艰难，他还是调整好心态，走进了另一栋办公楼。看到楼道上的灰尘很多，他灵机一动，径直走进洗手间，往洒水器里灌满水，将水洒在楼道里。他一洒水，灰尘不见了。这一小小的举动引起了楼管的兴趣，一下午就卖掉了十几台洒水器。

李嘉诚为什么能获得成功呢？原因在于他懂得分析和总结。之后，他的业绩在公司里是最好的。原来，他把负责的区域分为几片，对各片人员结构进行分析，哪片潜在客户最多就重点去推销，加上他非常勤奋，所以他成了一名优秀的推销员。

人生就是一场与自己的较量，懒惰的人只会为失败找各种理由，而成功的人会为自己负责，想尽一切办法，然后遇见更好的自己，秘诀是：只为成功找方法，不为失败找理由！

英国前首相丘吉尔曾说："能克服困难的人，可使困难化为良机。"把困难化为良机需要良好的心态、较高的战略思维和灵活的处事技巧，这样才能事半功倍。

对于"成功"和"失败"，每个人都有不同的定义，那对于"困难"，每个人的认识也不同。有人天资聪颖，有人钝感力强，有人勇于探索，有人安于现状。每个人的人生追求不同，目标不一样，对困难的理解程度也不一样。只要内心足够强大，你就一定能想尽一切办法克服当下的困难，你就一定能获得成功，最后也一定能活成你想要的样子。

附录

　　巴昂（Baron）是以色列著名心理学家，1985 年首创"情商"术语，并在 1997 年出版了世界上第一个测量情绪智力的标准化量表《巴昂情商量表》，2000 年他又与帕克（Parker）合作出版了《巴昂情商量表》（青少年版），本量表即为此表。

《巴昂情商量表》（青少年版）

　　自我情绪认知

　　1. 对自己的性格类型有比较清晰的了解

　　A. 总是　　　　B. 有时　　　　C. 从不

　　2. 无法确知自己是在为何生气、高兴、伤心或妒忌

　　A. 总是　　　　B. 有时　　　　C. 从不

　　3. 知道自己在什么样的情况下容易发生情绪波动

　　A. 总是　　　　B. 有时　　　　C. 从不

　　4. 即使有生气、高兴、伤心或妒忌的事也不愿或不能表达出来

　　A. 总是　　　　B. 有时　　　　C. 从不

　　5. 懂得从他人的言谈与表情中发现自己的情绪变化

　　A. 总是　　　　B. 有时　　　　C. 从不

6. 情绪起伏很大，自己都不了解自己是为什么

A. 总是   B. 有时   C. 从不

7. 有扪心自问的反思习惯

A. 总是   B. 有时   C. 从不

8. 不知道自己的感情是脆弱还是坚强

A. 总是   B. 有时   C. 从不

9. 性情不够开朗，很少绽露笑容

A. 总是   B. 有时   C. 从不

10. 很难找到表达情绪的适当方式，要么表示愤怒，要么隐忍或委屈

A. 总是   B. 有时   C. 从不

情绪调控

11. 遇到不顺心的事能够抑制自己的烦恼

A. 总是   B. 有时   C. 从不

12. 情绪波动的起伏，往往不能自控

A. 总是   B. 有时   C. 从不

13. 遇到意想不到的突发事件，能够冷静应对

A. 总是   B. 有时   C. 从不

14. 精神处于紧张状态，不能自我放松

A. 总是   B. 有时   C. 从不

15. 受到挫折或委屈，能够保持能屈能伸的乐观心态

A. 总是   B. 有时   C. 从不

16. 对自己的期望值很高，达不到标准时会很生气或发脾气

A. 总是   B. 有时   C. 从不

17. 出现感情冲动或发怒时，能够较快"自我熄火"

A. 总是　　　　B. 有时　　　　C. 从不

18. 做什么事都很急，觉得自己属于耐不住性子的人

A. 总是　　　　B. 有时　　　　C. 从不

19. 听取批评意见包括与实际情况不符的意见时，没有耿耿于怀或不乐意

A. 总是　　　　B. 有时　　　　C. 从不

20. 对人对事不喜欢深思熟虑，主张"跟着感觉走"

A. 总是　　　　B. 有时　　　　C. 从不

自我激励

21. 在人生的拼搏中，相信自己能够成功

A. 总是　　　　B. 有时　　　　C. 从不

22. 不愿尝试所谓的新事物，对自己不会的事情会感到无聊、低级趣味

A. 总是　　　　B. 有时　　　　C. 从不

23. 决定了要做的事不轻言放弃

A. 总是　　　　B. 有时　　　　C. 从不

24. 一次想做很多事，因此显得不够专心

A. 总是　　　　B. 有时　　　　C. 从不

25. 工作或学习上遇到困难，能够自我鼓励，克服困难

A. 总是　　　　B. 有时　　　　C. 从不

26. 对于自己该做的事，很难主动负责到底

A. 总是　　　　B. 有时　　　　C. 从不

27. 相信"失败乃成功之母"

A. 总是　　　　B. 有时　　　　C. 从不

28. 没有必要要求自己什么，觉得自己做不到的事不如干脆放弃

A. 总是　　　　B. 有时　　　　C. 从不

29. 做错事了自己总结经验教训，不怨天尤人

A. 总是　　　　B. 有时　　　　C. 从不

30. 不敢担任新的职责，因为怕自己会犯错

A. 总是　　　　B. 有时　　　　C. 从不

他人情绪认知

31. 对同学、同事们的脾气性格有一定的了解

A. 总是　　　　B. 有时　　　　C. 从不

32. 在意别人对自己的看法，生活无法轻松自在

A. 总是　　　　B. 有时　　　　C. 从不

33. 经常留意自己周围人的情绪变化

A. 总是　　　　B. 有时　　　　C. 从不

34. 当别人提出问题时不知怎样回答才让人满意

A. 总是　　　　B. 有时　　　　C. 从不

35. 与人交往时知道怎样去了解和尊重他人的情感

A. 总是　　　　B. 有时　　　　C. 从不

36. 与人相处时不善于了解对方的想法或如何看待事物

A. 总是　　　　B. 有时　　　　C. 从不

37. 能够说出亲人和朋友的一些优点和长处

A. 总是　　　　B. 有时　　　　C. 从不

38. 触痛别人或伤及别人的感情自己不能觉察

A. 总是　　　　B. 有时　　　　C. 从不

39. 不认为参加社交活动是浪费时间

A. 总是　　　　B. 有时　　　　C. 从不

40. 别人的感受是什么对我来说没有必要去考虑

A. 总是　　　　B. 有时　　　　C. 从不

人际关系管理

41. 没有不愿同别人合作的心态？

A. 总是　　　　B. 有时　　　　C. 从不

42. 对单位、学校及家庭既定的制度规则不能遵照执行

A. 总是　　　　B. 有时　　　　C. 从不

43. 见到他人的进步和成就没有不高兴的心情

A. 总是　　　　B. 有时　　　　C. 从不

44. 对有约定在先的事无法履行兑现，或草率了事

A. 总是　　　　B. 有时　　　　C. 从不

45. 与人共事懂得不能"争功于己，诿过于人"

A. 总是　　　　B. 有时　　　　C. 从不

46. 担心自己的意见或建议不好时，宁愿随声附和

A. 总是　　　　B. 有时　　　　C. 从不

47. 与人相处能够"严于律己，宽以待人"

A. 总是　　　　B. 有时　　　　C. 从不

48. 别人不同意自己的意见时就会表现出不满，或避而远之

A. 总是　　　　B. 有时　　　　C. 从不

49. 知道失信和欺骗是友谊的大敌

A. 总是　　　　　B. 有时　　　　　C. 从不

50. 觉得委屈求全是化解矛盾的好方法

A. 总是　　　　　B. 有时　　　　　C. 从不

评分表

题号	A	B	C	题号	A	B	C	题号	A	B	C	题号	A	B	C	题号	A	B	C
1	2	1	0	11	2	1	0	21	2	1	0	31	2	1	0	41	2	1	0
2	0	1	2	12	0	1	2	22	0	1	2	32	0	1	2	42	0	1	2
3	2	1	0	13	2	1	0	23	2	1	0	33	2	1	0	43	2	1	0
4	0	1	2	14	0	1	2	24	0	1	2	34	0	1	2	44	0	1	2
5	2	1	0	15	2	1	0	25	2	1	0	35	2	1	0	45	2	1	0
6	0	1	2	16	0	1	2	26	0	1	2	36	0	1	2	46	0	1	2
7	2	1	0	17	2	1	0	27	2	1	0	37	2	1	0	47	2	1	0
8	0	1	2	18	0	1	2	28	0	1	2	38	0	1	2	48	0	1	2
9	2	1	0	19	2	1	0	29	2	1	0	39	2	1	0	49	2	1	0
10	0	1	2	20	0	1	2	30	0	1	2	40	0	1	2	50	0	1	2

解析

81~100分：情商水平较高，情绪稳定，乐观自信，客观冷静，人际交往、处理问题及社会适应能力较强，是一种积极健康的心理状态。

41~80分：情商水平居中，还需保持和发扬优势，克服不足，不断提高。

40分及以下：情商水平偏低，情绪常波动起伏，人际交往、处理问题及社会适应能力欠缺。但也无须恐惧，应当找出薄弱环节，有针对性地加强自我修养，以不断提高自己的情商水平与综合素质。